韓国の新幹線（KTX ＝케이티엑스）

韓定食（한정식）

JN067854

雪嶽山（설악산）

韓国伝統の服（韓服＝한복）

韓国へようこそ！

韓国の風景

屋台（포장마차）

明洞（명동）

清渓川（청계천）

佛國寺多寶塔（불국사 다보탑）

ソウル大学（서울대학교）

南大門（남대문）

忠武公李舜臣（충무공 이순신）

江南（강남）

韓国の風景

韓国の伝統芸能・スポーツ

農楽（농악）

面踊り（탈춤）

韓国の伝統婚礼（전통혼례）

扇子踊り
（부채춤）

2002 年 FIFA ワールドカップ（2002 년 FIFA 월드컵）

韓国の国技（跆拳道＝태권도）

韓国の伝統芸能・スポーツ

韓国の国家（愛国歌＝애국가）

誕生日の歌（생일축하 노래）

改訂版　教養韓国語　初級　URL

（音声・解説動画）

https://text.asahipress.com/free/korean/kaiteikyoyosyokyu/index.html

改訂版

教養韓国語 初級

金智賢

朝日出版社

まえがき

■改訂にあたり

好評を得た 2015 年の初版をもとに、諸方面からの貴重なご意見ならびに昨今の学習スタイルに応える形で、今回改訂の機会を得ました。主に資料や情報の一新、そして音声等を、従来の CD 添付をやめ、インターネット上におかれたストリーミングサイトより聞くことができるようにしました。

■この本の概要

この本は、大学で教養として、または、専門として、初めて韓国語を学ぶ学生を対象に、大学の教室で使用される韓国語教科書として作られています。1 コマ 90 分の授業の場合、週 1 回なら 1 年で、週 2 回なら 1 学期で終わるような分量になっています。例えば、1 学期の授業数 15 回で、週 1 回授業の場合、授業日程は次のようになります。

1 学期	授業内容	2 学期	授業内容
1 回目	授業紹介・第 00 課	1 回目	授業紹介・復習
2 回目	第 01 課	2 回目	第 10 課（1）
3 回目	第 02 課	3 回目	第 10 課（2）
4 回目	第 03 課	4 回目	第 11 課（1）
5 回目	第 04 課	5 回目	第 11 課（2）
6 回目	第 05 課	6 回目	第 12 課（1）
7 回目	第 06 課	7 回目	第 12 課（2）
8 回目	中間試験	8 回目	中間試験
9 回目	第 07 課（1）	9 回目	第 13 課（1）
10 回目	第 07 課（2）	10 回目	第 13 課（2）
11 回目	第 08 課（1）	11 回目	第 14 課（1）
12 回目	第 08 課（2）	12 回目	第 14 課（2）
13 回目	第 09 課（1）	13 回目	第 15 課（1）
14 回目	第 09 課（2）	14 回目	第 15 課（2）
15 回目	期末試験	15 回目	期末試験

定期試験期間が別途ある大学の場合、その分の授業を、予備日として資料や付録などを使った活動に充てることができます。

■内容と進度について

第 01 課〜第 06 課は文字と発音、第 07 課以降は文法中心です。第 01 課〜第 06 課は、1 コマの授業で 1 課進み、第 07 課以降は、2 コマかけて 1 課進むように構成されています。第 07 課以降は、1 回目の授業で主文法を説明し練習問題をやって（2 ページ進む）、2 回目の授業で追加的な文法説明と練習問題をやって会話練習を行う（3 ページ進む）ことになります。最後の 15 課だけ、少し異なる編成になっています。

■資料や付録の使い方

資料や付録は、韓国語の学習に直接役立つものと韓国文化に関するものがあります。進度に合わせて、授業に取り込んでいただけます。特にこの本では、韓国語を学ぶ日本人学生の興味を引くようなテーマをふんだんに扱っており、教室以外でも使える教科書を目指しています。資料や付録は、授業中いつでも取り上げることができますが、各課と特に連動する資料及び付録を示すと次のようになります。

課	連動する内容	資料及び付録の内容（ページ）
第 00 課	韓国と韓国語	［巻頭カラー］韓国へようこそ！(p.ii〜iii)、韓国の風景(p.iv〜v)、韓国の伝統芸能・スポーツ(p.vi〜vii)、韓国の歌(p.viii)
第 01 課	基本母音	［付録1.2］スマートフォンのハングル入力（p.88）
第 02 課	基本子音	［資料2］反切表(p.15)
第 03 課	合成母音	
第 04 課	合成子音	
第 05 課	パッチム	［資料4］仮名のハングル表記(p.25)
第 06 課	連音化、読む練習	［資料3］ソウル地下鉄路線図(p.19)、［資料5］韓国プチ観光地図(p.29)
第 07 課	自己紹介	［資料6］国名と職業（p.35）
第 08 課	名詞文表現	［資料7］基本名詞①（p.41）、［資料8］基本名詞②（p.42）
第 09 課	場所表現	［資料10］場所名詞（p.49）、［資料5］韓国プチ観光地図（p.29）
第 10 課	動詞表現	［資料11］基本動詞(p.55)
第 11 課	年月日の表現	［資料12］韓国の祝祭日と干支(p.61)、［巻頭カラー］韓国の歌(p.viii)
第 12 課	尊敬語	［資料9］日本人が見た韓国、こんなに面白い！(p.43)
第 13 課	趣味表現	［資料14］趣味一覧(p.73)、［資料15］基本形容詞(p.79)
第 14 課	縮約形	［資料16］変則用言と助詞の縮約(p.86)
第 15 課	不可能表現、会話	［資料17］否定と不可能(p.87)、［資料1］韓国の地図(p.7)
全 課	いつでも	［資料13］体の名称(p.67)、［付録1.1］ハングルキーボードの配列(p.88)、［付録2］韓国語検定試験(p.89)、［付録3］韓国と日本の歴史年表(p.92)

■音声ストリーミングサイトの活用と聞き取りが上手になるには

この本には、主要表現と会話がネイティブの音声で収録された、音声のストリーミングサイト（巻頭 URL）が用意されています。学生の皆さんには、テキストの内容だけでなく、この音声サイトを積極的に活用していただきたいと思います。各課が終わったら、その課の音声を繰り返し聞いてください。ある程度慣れてきたら、書き取ってみましょう。時間はかかりますが、聞き取りが上手くなる一番の早道です。何卒、この教科書を 120% 活用していただき、皆さんの韓国語力や韓国への理解がぐんとアップすることを願います。

著者　金智賢

目　次

資料

本文イラスト－木村襄之

ロシア
러시아

羅先 라선

白頭山 백두산 2750m

清津 청진

惠山 혜산

中国 중국

咸鏡北道 함경북도

江界 강계

両江道 양강도

慈江道 자강도

朝鮮民主主義人民共和国（北朝鮮）
조선민주주의인민공화국（북한）

平安北道 평안북도

新義州 신의주

咸鏡南道 함경남도

咸興 함흥

平安南道 평안남도

平城 평성

元山 원산

平壤 평양

南浦 남포

金剛山 금강산 1638m

江原道 강원도

沙里院 사리원

黄海北道 황해북도

開城 개성

雪嶽山 설악산 1708m

束草 속초

黄海南道 황해남도

春川 춘천

海州 해주

江陵 강릉

京畿道 경기도

江華島 강화도

平昌 평창

仁川 인천

ソウル 서울

江原道 강원도

水原 수원

忠清北道 충청북도

大韓民国（韓国）
대한민국（한국）

忠清南道 충청남도

清州 청주

安東 안동

大田 대전

公州 공주

慶尚北道 경상북도

扶余 부여

浦項 포항

群山 군산

慶州 경주

全州 전주

大邱 대구

全羅北道 전라북도

蔚山 울산

智異山 지리산 1915m

慶尚南道 경상남도

光州 광주

昌原 창원

釜山 부산

務安 무안

木浦 목포

全羅南道 전라남도

麗水 여수

珍島 진도

漢拏山 한라산 1950m

済州 제주

済州道 제주도

韓国語とハングル

韓国語の特徴とハングルの仕組みを理解する

0-1 　韓国語の特徴

① 語順が日本語と同じで、助詞、語尾、敬語がある

아버지	는	아침	에	운동	을	하십니다
お父さん	は	朝	に	{運動}	を	されます
名詞	助詞	名詞	助詞	名詞	助詞	動詞（尊敬、終止）

② 固有語と漢字語がある、漢字の読みは基本一つだけ（音読み）

월 月 （漢字語）　　　　　　　　　　　　　　**달** つき （固有語）

대학 {大学}*　　　　　**학생** {学生}　　　　　**생일** （誕生日）　　　　　**일본** {日本}

＊日本語と共通する漢字語は、{　}で日本語訳を示す。

③ 文字は『한글（ハングル）』

　ハングルは 1443 年朝鮮王朝第 4 代目の国王『世宗』が創製した韓国固有の文字。当時の名称は『訓民正音』だったが、20 世紀に入ってから『ハングル』と呼ばれるようになった。ハングルは、世界の文字の中で、製作者、公表時期、創製原理が分かる唯一の文字。

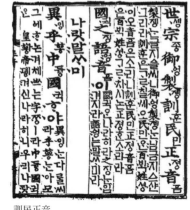

訓民正音

④ 世界でおよそ 13 番目に多く話されている

　大韓民国（韓国）や朝鮮民主主義人民共和国（北朝鮮）及び中国、アメリカ、日本、旧ソ連、カナダ等で約 7,800 万人が使用。日本と北朝鮮では朝鮮語、中央アジアでは高麗語、韓国では韓国語と呼ばれ、地域によって多少の違いはあるが、基本的には同じ言語。

世宗大王

ハングルの仕組み

① ローマ字と同じ表音文字で、母音字と子音字がある。
② 書くときは、ローマ字とは違って、子音字と母音字を左右または上下に組み合わせ、一つの字（音節）として書く。
③ 左右・上下は母音字の形によって決まり、組み合わせは6種類ある。

【子音（初声）＋母音（中声）】からなる字（音節）

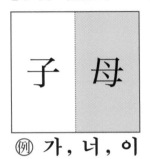

例 가, 너, 이

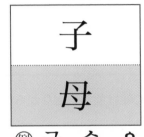

例 구, 슈, 으

例 과, 뒤, 왜

【子音（初声）＋母音（中声）＋子音（終声・パッチム）】からなる字（音節）

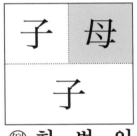

例 한, 벌, 입

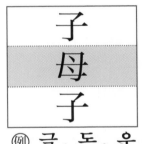

例 글, 돈, 운

例 활, 꿩, 쉿

〈ハングルの子音字と母音字の組み合わせ表〉

第00課　挨拶

♪ 2

가 : 안녕하세요?　　こんにちは。
an-nyeong-ha-se-yo

나 : 안녕하십니까?　　こんにちは。
an-nyeong-ha-sim-ni-kka

가 : 안녕히 계세요.　　さようなら。
an-nyeong-hi　gye-se-yo

나 : 안녕히 가세요.　　さようなら。
an-nyeong-hi　ga-se-yo

基本母音

中声を成す母音の内、10個の基本母音を覚える

1-1			基本母音字 10 個		

♪ 3

ㅏ	[a]	日本語の「ア」とほとんど同じ発音。	たて
ㅑ	[ja]	日本語の「ヤ」とほとんど同じ発音。	たて
ㅓ	[ʌ]	口を大きく開け顎を引きながら「オ」を発音する。	たて
ㅕ	[jʌ]	「ㅓ」の前に軽い「イ」を付ける。	たて
ㅗ	[o]	唇を丸く突き出して「オ」を発音する。	よこ
ㅛ	[jo]	「ㅗ」の前に軽い「イ」を付ける。	よこ
ㅜ	[u]	唇を丸く突き出して「ウ」を発音する。	よこ
ㅠ	[ju]	「ㅜ」の前に軽い「イ」を付ける。	よこ
ㅡ	[ɯ]	唇に力を入れず「ウ」を発音する。	よこ
ㅣ	[i]	日本語の「イ」とほとんど同じ発音。	たて

☞ 書き順は、左から右、上から下。

☞ 母音の発音だけの音節を書く際も、子音のところに無音の「ㅇ」を必ず書き添える。この子音は、普通の⑰を書く感じで書く。

1-2			陽母音（ㅏ, ㅑ, ㅗ, ㅛ）と陰母音（ㅓ, ㅕ, ㅜ, ㅠ, ㅡ, ㅣ）		

陽母音と陰母音の区別は、用言の活用において大切な基準になる。

 練習問題

1 「ㅇ」＋基本母音字を発音しながら書いてみよう。 ♪ 4

아	야	어	여	오	요	우	유	으	이
[a]	[ja]	[ʌ]	[jʌ]	[o]	[jo]	[u]	[ju]	[ɯ]	[i]
아	야	어	여	오	요	우	유	으	이

2 基本母音字からなる単語を発音しながら書いてみよう。 ♪ 5

아이	아야	오이	우유	여우	이유	여유	여야
[ai]	[aja]	[oi]	[uju]	[jʌu]	[iju]	[jʌju]	[jʌja]
子供	痛っ	キュウリ	{牛乳}	キツネ	{理由}	{余裕}	{与野}
아이	아야	오이	우유	여우	이유	여유	여야

3 辞書に出てくる母音の順序を覚えましょう。

아야 어여 오요 우유 으이

| 第 01 課 　挨拶 | ♪ 6 |

가: 수고하셨습니다 .
　　su-go-ha-syeot-seum-ni-da
お疲れ様でした。

나: 감사합니다 .
　　gam-sa-ham-ni-da
ありがとうございます。

基本子音

初声を成す子音の内、14 個の基本子音を覚える

| 2-1 | 基本子音字 14 個 |

ㄱ	[k], [g]	[k] は、カ行の子音と似ているが少し弱い。 [g] は、ガ行の子音とほとんど同じ発音。	가	[ka], [ga]
ㄴ	[n]	日本語のナ行の子音とほとんど同じ発音。	나	[na]
ㄷ	[t], [d]	[t] は、タ行の子音と似ているが少し弱い。 [d] は、ダ行の子音とほとんど同じ発音。	다	[ta], [da]
ㄹ	[ɾ]	日本語のラ行の子音とほとんど同じ発音。	라	[ɾa]
ㅁ	[m]	日本語のマ行の子音とほとんど同じ発音。	마	[ma]
ㅂ	[p], [b]	[p] は、パ行の子音と似ているが少し弱い。 [b] は、バ行の子音とほとんど同じ発音。	바	[pa], [ba]
ㅅ	[s]	日本語のサ行の子音とほとんど同じ発音。	사	[sa]
ㅇ	[ø]	音節の初め（初声）に来るときは発音されない。 パッチム（終声）に来るときは、[ŋ] と発音される。	아	[a]
ㅈ	[tʃ], [dʒ]	[tʃ] は、チャチュチョの子音と似ているが少し弱い。 [dʒ] は、ヂャヂュヂョの子音とほとんど同じ発音。	자	[tʃa], [dʒa]
ㅊ	[tʃʰ]	[tʃʰ] は、「ㅈ」を、息を強く出しながら発音する。	차	[tʃʰa]
ㅋ	[kʰ]	[kʰ] は、「ㄱ」を、息を強く出しながら発音する。	카	[kʰa]
ㅌ	[tʰ]	[tʰ] は、「ㄷ」を、息を強く出しながら発音する。	타	[tʰa]
ㅍ	[pʰ]	[pʰ] は、「ㅂ」を、息を強く出しながら発音する。	파	[pʰa]
ㅎ	[h]	日本語のハ行の子音とほとんど同じ発音。	하	[ha]

2-2　平音と激音

　網掛け になっている子音「ㅋ [kʰ], ㅌ [tʰ], ㅍ [pʰ], ㅊ [tʃʰ]」は、他の子音に比べ息を強く出す発音ということで『激音』と呼ぶ。これに対し、これらの発音に対応する、息を強く出さない「ㄱ [k], ㄷ [t], ㅂ [p], ㅈ [tʃ]」を『平音』と呼ぶ。

2-3　有声音化

　平音「ㄱ，ㄷ，ㅂ，ㅈ」は、使われる場所が、語頭（単語の始め）か語中（単語の始め以外）かによって発音が違う。

場所 ＼ 子音	ㄱ	ㄷ	ㅂ	ㅈ	音の性質
語頭	[k]	[t]	[p]	[tʃ]	無声音
語中	[g]	[d]	[b]	[dʒ]	有声音

　語頭では無声音だったこれらの子音が、語中では有声音になる現象を『有声音化』という。上で見た『激音』は有声音化しないので注意すること。

♪ 8

가요	[kajo]	《歌謡》
요가	[joga]	（ヨガ）
다리	[tari]	（脚・橋）
바다	[pada]	（海）
비누	[pinu]	（石鹸）
나비	[nabi]	（蝶）
자유	[tʃaju]	《自由》
유자	[judʒa]	《柚子》

가구	[kagu]	《家具》
고기	[kogi]	（肉）
다도	[tado]	《茶道》
드디어	[tɯdiʌ]	（ついに）
부부	[pubu]	《夫婦》
바보	[pabo]	（愚か者）
자주	[tʃadʒu]	（頻繁に）
지지	[tʃidʒi]	《支持》

〈有声音化の例〉

第02課　挨拶

♪ 9

가: 고맙습니다.
go-map-seum-ni-da
ありがとうございます。

나: 천만에요.
cheon-man-e-yo
どういたしまして。

練 연 習 습 問 문 題 제

1 子音字＋「ㅏ [a]」、子音字＋「ㅗ [o]」を発音しながら書いてみよう。

♪10

ㄱ	ㄴ	ㄷ	ㄹ	ㅁ	ㅂ	ㅅ	ㅇ	ㅈ	ㅊ	ㅋ	ㅌ	ㅍ	ㅎ
[k]	[n]	[t]	[ɾ]	[m]	[p]	[s]	[ø]	[tʃ]	[tʃʰ]	[kʰ]	[tʰ]	[pʰ]	[h]
가	나	다	라	마	바	사	아	자	차	카	타	파	하
고	노	도	로	모	보	소	오	조	초	코	토	포	호

2 単語を発音しながら書いてみよう。

♪11

가수	나라	다시	루머	머리	버스	소녀	우리
[kasu]	[naɾa]	[tasi]	[ɾumʌ]	[mʌɾi]	[pʌsɯ]	[sonjʌ]	[uɾi]
｛歌手｝	国	また	うわさ	頭	バス	｛少女｝	私たち

자리	치료	카드	커피	투표	투수	프로	하나
[tʃaɾi]	[tʃʰiɾjo]	[kʰadɯ]	[kʰʌpʰi]	[tʰupʰjo]	[tʰusu]	[pʰɯro]	[hana]
席	｛治療｝	カード	コーヒー	｛投票｝	｛投手｝	プロ	一つ

지구	어디	부자	보기	모자	포도	수도	피부
[tʃigu]	[ʌdi]	[pudʒa]	[pogi]	[modʒa]	[pʰodo]	[sudo]	[pʰibu]
｛地球｝	どこ	金持ち	例	｛帽子｝	ぶどう	｛首都｝	肌

母音 子音	ㅏ	ㅑ	ㅓ	ㅕ	ㅗ	ㅛ	ㅜ	ㅠ	ㅡ	ㅣ
ㄱ	가	갸	거	겨	고	교	구	규	그	기
ㄴ	나	냐	너	녀	노	뇨	누	뉴	느	니
ㄷ	다	댜	더	뎌	도	됴	두	듀	드	디
ㄹ	라	랴	러	려	로	료	루	류	르	리
ㅁ	마	먀	머	며	모	묘	무	뮤	므	미
ㅂ	바	뱌	버	벼	보	뵤	부	뷰	브	비
ㅅ	사	샤	서	셔	소	쇼	수	슈	스	시
ㅇ	아	야	어	여	오	요	우	유	으	이
ㅈ	자	쟈	저	져	조	죠	주	쥬	즈	지
ㅊ	차	챠	처	쳐	초	쵸	추	츄	츠	치
ㅋ	카	캬	커	켜	코	쿄	쿠	큐	크	키
ㅌ	타	탸	터	텨	토	툐	투	튜	트	티
ㅍ	파	퍄	퍼	펴	포	표	푸	퓨	프	피
ㅎ	하	햐	허	혀	호	효	후	휴	흐	히

제 03 과

合成母音

中声を成す母音の内、11 個の合成母音を覚える

| 3-1 | 合成母音字 11 個 |

♪ 12

ㅐ	[ɛ]	口を大きく広げて「エ」を発音する。	たて
ㅒ	[jɛ]	口を大きく広げて「イェ」を短く発音する。	たて
ㅔ	[e]	日本語の「エ」とほとんど同じ発音。	たて
ㅖ	[je]	日本語の「イェ」を短く発音する。	たて
ㅘ	[wɑ]	日本語の「ワ」とほとんど同じ発音。	たて よこ
ㅙ	[wɛ]	「ウェ」を短く発音する。	たて よこ
ㅚ	[we]	「ウェ」を短く発音する。	たて よこ
ㅝ	[wʌ]	唇を丸めてから「ㅓ [ʌ]」を発音する。	たて よこ
ㅞ	[we]	「ウェ」を短く発音する。	たて よこ
ㅟ	[wi] [üi]	唇を丸めてから「ㅣ [i]」を発音する。「ㅇ」以外の子音と結合時は、唇の丸みが弱い。	たて よこ
ㅢ	[ɯi] [i]	「ㅡ [ɯ]」と「ㅣ [i]」をくっつけて短く発音する。使われる環境によって「ㅣ [i]」とも発音される。	たて よこ

☞ 囲いの部分は、唇を丸めて発音する母音。

☞ 「ㅐ」と「ㅔ」、「ㅒ」と「ㅖ」及び「ㅙ」「ㅚ」「ㅞ」は、現代語ではほとんど同じ発音になっている。

変わる発音

「ㅒ [jɛ]」と「ㅖ [je]」は、「ㅇ」以外の子音と結合すると、「ㅐ [ɛ]」「ㅔ [e]」と発音されることが多い。

> 얘 [jɛ]（この子）：걔 [kjɛ] → [ke]（その子）、쟤 [tʃjɛ] → [tʃɛ]（あの子）
>
> 도예 [toje] {陶芸}：시계 [sigje] → [sige] {時計}、지폐 [tʃiphje] → [tʃiphe] {紙幣}

「ㅢ [ɰi]」の発音　「ㅢ [ɰi]」は、環境によって発音が「ㅣ [i]」と変わることがある。

(1) [ɰi] と発音される場合：単語が「의」で始まる場合のみ。

> 의사 医者、의자 椅子、의도 意図

(2) [i] と発音される場合：①「의」が語頭以外に来ている場合。

> 주의 注意、회의 会議、예의 礼儀
>
> ②「ㅇ」以外の子音と結合した場合。
>
> 희다 白い、하늬 西風、띄어쓰기 分かち書き

母音の順序

ㅏ	ㅐ	ㅑ	ㅒ	ㅓ	ㅔ	ㅕ	ㅖ	ㅗ	ㅘ

ㅙ	ㅚ	ㅛ	ㅜ	ㅝ	ㅞ	ㅟ	ㅠ	ㅡ	ㅢ

ㅣ

※基本母音と合成母音を合わせると、辞書の順番はこのようになる。

第03課　挨拶

◆ 13

가: 미안합니다.
mi-an-ham-ni-da

ごめんなさい。

나: 아니에요. 괜찮아요.
a-ni-e-yo.　　gwaen-cha-na-yo

いいえ。大丈夫です。

1 「ㅇ」＋合成母音字を発音しながら書いてみよう。

🎵14

애	애	에	예	와	왜	외	워	웨	위	의
[ɛ]	[jɛ]	[e]	[je]	[wa]	[wɛ]	[we]	[wʌ]	[we]	[wi]	[ɯi]
애	애	에	예	와	왜	외	워	웨	위	의

2 単語を発音しながら書いてみよう。

🎵15

애	개	노래	새우	어제	베개	보세요	예
[ɛ]	[kɛ]	[norɛ]	[sɛu]	[ʌdʒe]	[pegɛ]	[posejo]	[je]
子供	犬	歌	海老	昨日	枕	見て下さい	はい

과자	사과	좌우	왜	돼지	해외	회사	궤도
[kwadʒa]	[sagwa]	[tʃwau]	[wɛ]	[twɛdʒi]	[hɛwe]	[hwesa]	[kwedo]
{菓子}	りんご	{左右}	なぜ	豚	{海外}	{会社}	{軌道}

뭐	줘	위	귀	뷔페	의사	의자	의미
[mwʌ]	[tʃwʌ]	[wi]	[küi]	[püipʰe]	[ɯisa]	[ɯidʒa]	[ɯimi]
何	ちょうだい	上	耳	ビュッフェ	医者	{椅子}	{意味}

資料③ ソウルの地下鉄

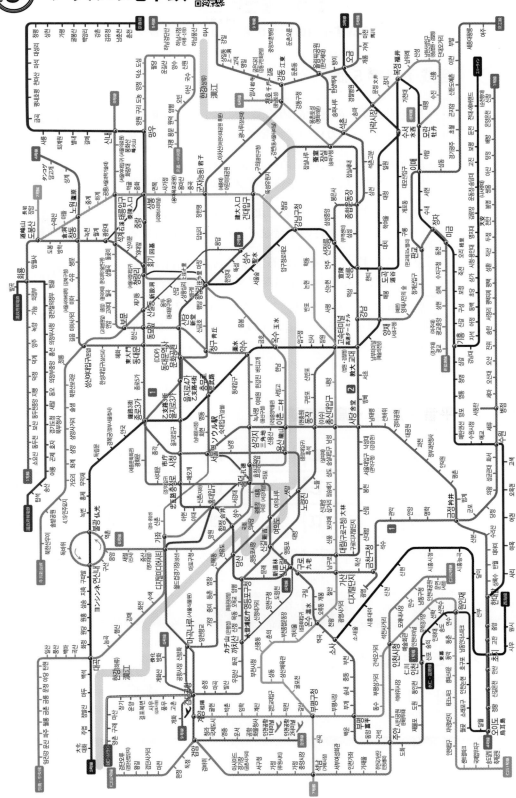

合成子音

初声を成す子音の内、5 個の合成子音を覚える

4-1 合成子音字 5 個

♪ 16

ㄲ	[k*]	息を出さず、のどを詰めるように [k] を発音する。「ッ」を伴ったカ行の子音をイメージして発音する。	까	[k*a]
ㄸ	[t*]	息を出さず、のどを詰めるように [t] を発音する。「ッ」を伴ったタ行の子音をイメージして発音する。	따	[t*a]
ㅃ	[p*]	息を出さず、のどを詰めるように [p] を発音する。「ッ」を伴ったパ行の子音をイメージして発音する。	빠	[p*a]
ㅆ	[s*]	息を出さず、のどを詰めるように [s] を発音する。「ッ」を伴ったサ行の子音をイメージして発音する。	싸	[s*a]
ㅉ	[tʃ*]	息を出さず、のどを詰めるように [tʃ] を発音する。「ッ」を伴ったチャチュチョの子音をイメージして発音する。	짜	[tʃ*a]

☞ これらの子音は、『濃音』と呼ばれる。

4-2 平音・激音・濃音の違い

♪ 17

平音	가	다	바	사	자
激音	카	타	파	－	차
濃音	까	따	빠	싸	짜

☞ 縦と横に発音しながら、区別できるように練習しましょう。

♪ 18

第 04 課　挨拶

가 : 오랜만입니다 .
o-raen-man-im-ni-da

久しぶりです。

나 : 잘 지내요 ?
jal　ji-nae-yo

お元気ですか。

1 子音字＋「ㅏ [a]」、子音字＋「ㅗ [o]」を発音しながら書いてみよう。 ♪ **19**

ㄲ	ㄸ	ㅃ	ㅆ	ㅉ
[k*]	[t*]	[p*]	[s*]	[tʃ*]
까	따	빠	싸	짜
꼬	또	뽀	쏘	쪼

2 単語を発音しながら書いてみよう。 ♪ **20**

까치	깨	꼬리	또	띠	때	오빠	뿌리
[k*tʃʰi]	[k*ɛ]	[k*oɾi]	[t*o]	[t*i]	[t*ɛ]	[op*a]	[p*uɾi]
カササギ	ゴマ	尻尾	また	干支	時	兄	根

뽀뽀	아저씨	쓰레기	찌개	가짜	토끼	아빠	코끼리
[p*op*o]	[adʒʌs*i]	[s*ɯɾegi]	[tʃ*igɛ]	[katʃ*a]	[tʰok*i]	[ap*a]	[kʰok*iɾi]
キス	おじさん	ゴミ	チゲ	にせもの	ウサギ	パパ	象

3 平音・激音・濃音を区別する練習をしてみよう。 ♪ **21**

가카까 다타따 바파빠 사싸 자차짜

パッチム（終声）

終声を成す子音字、パッチムを覚える

5-1 ▶ パッチム（받침）とは

【子音（初声）＋母音（中声）＋子音（終声・パッチム）】からなる字（音節）において、音節の最後に付く子音字のこと。

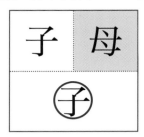 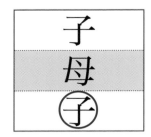 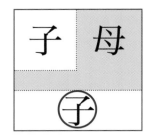

☞一つの子音字からなる1文字パッチムと、二つの子音字からなる2文字パッチムがある。

☞1文字と2文字パッチムを合わせ、27種類のパッチムがあるが、発音は7通りだけ。

5-2 ▶ **7通りの代表音の発音**

22

ㄱ	[kˀ]	英語の「k」（book）の発音に似ているが、口の構えだけをして息を出さない。「マッカ」「サッキ」の「ッ」	각	[kakˀ]
ㄷ	[tˀ]	英語の「t」（but）の発音に似ているが、口の構えだけをして息を出さない。「ヤッタ」「アッチ」の「ッ」	닫	[tatˀ]
ㅂ	[pˀ]	英語の「p」（cup）の発音に似ているが、口の構えだけをして息を出さない。「ラッパ」「マップ」の「ッ」	밥	[papˀ]
ㄴ	[nˀ]	英語の「n」の発音によく似ている。「カンダ」「ミンナ」の「ン」のような発音。	난	[nanˀ]
ㄹ	[l]	英語の「l」に似ているが、舌の力を抜き、舌先をややそらせて上あごにつけるようにして発音。	랄	[ɾal]
ㅁ	[mˀ]	英語の「m」の発音によく似ている。「サンマ」「ハンパ」「トンボ」の「ン」のような発音。	맘	[mamˀ]
ㅇ	[ŋˀ]	英語の「ng」の発音に似ているが、よりはっきりしている。「マンガ」「テンキ」の「ン」のような発音。	앙	[aŋˀ]

☞パッチムの「ㄱ」「ㄷ」「ㅂ」は、口周りを緊張させ、詰まるように発音する。

1文字パッチム	代表音		2文字パッチム
ㄱ, ㅋ, ㄲ	ㄱ	[kˈ]	ㄳ, ㄺ
ㄴ	ㄴ	[nˈ]	ㄵ, ㄶ
ㄷ, ㅌ, ㅅ, ㅆ, ㅈ, ㅊ, ㅎ	ㄷ	[tˈ]	
ㄹ	ㄹ	[l]	ㄼ, ㄽ, ㄾ, ㅀ
ㅁ	ㅁ	[mˈ]	ㄻ
ㅂ, ㅍ	ㅂ	[pˈ]	ㅄ, ㄿ
ㅇ	ㅇ	[ŋ]	

☞即ち、パッチムが違っていても、同じ発音の字がこれだけあるということ。

/ 악 = 앜 = 앆 = 앇 = 앍 /　　　　発音（代表音）は / 악 /
/ 안 = 앉 = 앓 /　　　　　　　　発音（代表音）は / 안 /
/ 앋 = 앝 = 앗 = 았 = 앚 = 앛 = 앟 /　発音（代表音）は / 앋 /
/ 알 = 앏 = 앐 = 앑 = 앓 /　　　　発音（代表音）は / 알 /
/ 암 = 앎 /　　　　　　　　　　　発音（代表音）は / 암 /
/ 압 = 앞 = 앖 = 앒 /　　　　　　発音（代表音）は / 압 /

5-3　子音字の名称から子音の発音を覚える　♪ 23

ㄱ	ㄴ	ㄷ	ㄹ	ㅁ	ㅂ	ㅅ	ㅇ	ㅈ	
기역	니은	디귿	리을	미음	비읍	시옷	이응	지읒	
ㅊ	ㅋ	ㅌ	ㅍ	ㅎ	ㄲ	ㄸ	ㅃ	ㅆ	ㅉ
치읓	키읔	티읕	피읖	히읗	쌍기역	쌍디귿	쌍비읍	쌍시옷	쌍지읒

第1字
子音＋「ㅣ」

第2字
「ㅇ」＋「ㅡ」＋子音
（三つだけ例外がある）

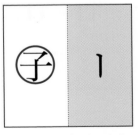
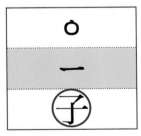

〈子音の名称の作り方〉

練習問題

① 単語を発音しながら書いてみよう。

24

산	안경	김치	마음	사랑	사람	한글	일본
{山}	{眼鏡}	キムチ	心	愛	人	ハングル	{日本}

한국	집	곧	옷	꽃	앞	학생	학교
{韓国}	家	すぐ	服	花	前	{学生}	{学校}

닭	읽다	앉다	많다	잃다	여덟	삶	없다
鶏	読む	座る	多い	なくす	八つ	生	無い

② 子音の名称を書いてみよう。

ㄱ	ㄴ	ㄷ	ㄹ	ㅁ	ㅂ	ㅅ	ㅇ	ㅈ	

ㅊ	ㅋ	ㅌ	ㅍ	ㅎ	ㄲ	ㄸ	ㅃ	ㅆ	ㅉ

③ 自分の名前をハングルで書いてみよう。

資料4　仮名のハングル表記

仮名					ハングル 語頭					ハングル 語頭以外（語中・語末）				
ア	イ	ウ	エ	オ	아	이	우	에	오	語頭と同じ				
カ	キ	ク	ケ	コ	가	기	구	게	고	카	키	쿠	케	코
サ	シ	ス	セ	ソ	사	시	스	세	소	語頭と同じ				
タ	チ	ツ	テ	ト	다	지	쓰	데	도	타	치	쓰	테	토
ナ	ニ	ヌ	ネ	ノ	나	니	누	네	노	語頭と同じ				
ハ	ヒ	フ	ヘ	ホ	하	히	후	헤	호	語頭と同じ				
マ	ミ	ム	メ	モ	마	미	무	메	모	語頭と同じ				
ヤ	イ	ユ	エ	ヨ	야	이	유	에	요	語頭と同じ				
ラ	リ	ル	レ	ロ	라	리	루	레	로	語頭と同じ				
ワ	（ヰ）	ウ	（ヱ）	ヲ	와	（이）	우	（에）	오	語頭と同じ				
ン										ㄴ		ㅅ		
ガ	ギ	グ	ゲ	ゴ	가	기	구	게	고	語頭と同じ				
ザ	ジ	ズ	ゼ	ゾ	자	지	즈	제	조	語頭と同じ				
ダ	ヂ	ヅ	デ	ド	다	지	즈	데	도	語頭と同じ				
バ	ビ	ブ	ベ	ボ	바	비	부	베	보	語頭と同じ				
パ	ピ	プ	ペ	ポ	파	피	푸	페	포	語頭と同じ				
キャ	キュ	キョ			갸	규	교			캬	큐	쿄		
ギャ	ギュ	ギョ			갸	규	교			語頭と同じ				
シャ	シュ	ショ			샤	슈	쇼			語頭と同じ				
ジャ	ジュ	ジョ			자	주	조			語頭と同じ				
チャ	チュ	チョ			자	주	조			차	추	초		
ヒャ	ヒュ	ヒョ			햐	휴	효			語頭と同じ				
ビャ	ビュ	ビョ			뱌	뷰	뵤			語頭と同じ				
ピャ	ピュ	ピョ			퍄	퓨	표			語頭と同じ				
ミャ	ミュ	ミョ			먀	뮤	묘			語頭と同じ				
リャ	リュ	リョ			랴	류	료			語頭と同じ				

第05課　挨拶

♪ 25

가: 잘 먹겠습니다.
jal　meok-get-seum-ni-da
　　　　いただきます。

나: 많이 드세요.
ma-ni　deu-se-yo
　　　　どうぞ召し上がって。

＊＊＊

가: 잘 먹었습니다.
jal　meo-geot-seum-ni-da
　　　　ご馳走さまでした。

제 06 과

連音化

1文字パッチムと2文字パッチムの連音化と口蓋音化を学ぶ

> **6-1** **1文字パッチムの連音化**

　音節が二つ以上連なる場合、前の音節にパッチム（終声）があって、続く音節の初声が「ㅇ」のとき（初声の発音がないとき）、前の音節のパッチムは続く音節の母音と一緒に、初声として発音される。これを連音化という。

綴り（意味：単語）	実際の発音
단어 →	/ 다어 /

綴り	意味	発音	綴り	意味	発音	綴り	意味	発音
발음	{発音}	/바름/	국어	{国語}	/구거/	꽃이	花が	/꼬치/
음악	{音楽}	/으막/	직업	{職業}	/지겁/	옷을	服を	/오슬/
번역	{翻訳}	/버녁/	십오	{十五}	/시보/	밖에	外に	/바께/

☞ パッチムの「ㄱ」「ㄷ」「ㅂ」が連音化するとき、有声音化を伴う。
☞ 単独で発音するとき代表音になるパッチムも、連音化の際は発音が変化しない。
☞ 連音化は、単語の中、単語と助詞の間、語幹と語尾の間など様々なところで起こる。

> **6-2** **2文字パッチムの連音化**

　2文字パッチムの場合、右側の子音だけが次の音節の母音と一緒に、初声として発音される。

綴り（意味：広さ）	実際の発音
넓이 →	/널비/

綴り	意味	発音	綴り	意味	発音
젊은이	若人	/절므니/	앉아요	座ります	/안자요/
읽어요	読みます	/일거요/	없어요	ありません	/업써요/

連音化の例外

(1) パッチムの「ㅇ」は、連音化しない（移動しない）。　　　　　　　　　　　　　♪ **28**

綴り	意味	発音	綴り	意味	発音
종이	紙	/종이/	생일	誕生日	/생일/
강아지	子犬	/강아지/	고양이	猫	/고양이/

(2) パッチムの「ㅎ」は、発音されない（脱落する）。

綴り	意味	発音	綴り	意味	発音
좋아요	良いです	/조아요/	끊어	切って	/끄너/
많이	沢山	/마니/	싫어요	嫌です	/시러요/

6-4 **口蓋音化**

　前の音節のパッチムが「ㄷ」「ㅌ」で続く音節の母音が「이」（「야, 여, 요, 유」）の場合、そのまま連音化して /디 /、/ 티 / になるのではなく、口蓋音の / 지 /、/ 치 / になる。

綴り（意味：無理に）	実際の発音
	→ /구지/

♪ **29**

綴り	意味	発音	綴り	意味	発音
해돋이	日の出	/해도지/	맏이	長男・長女	/마지/
같이	一緒に	/가치/	붙여	貼って	/부쳐/

 練習問題

① 単語を発音通りに書いてみよう。日本語の意味がないものはその意味も書くこと。

🎵 30

발음	음악	한국어	꽃이	직업	일본어
		{韓国語}			{日本語}
/	/	/	/	/	/

일요일	밖에	부엌에	넓이	젊은이	있어요
{日曜日}		台所に			あります
/	/	/	/	/	/

생일	통역	좋아요	많이	해돋이	같이
	{通訳}				
/	/	/	/	/	/

② 看板を読んでみよう。

🎵 31

(1)

(2)

(3)

(4)

(5)

(6)

🎵 32

第06課　挨拶

가: 실례합니다.　　失礼します。
　　sil-lye-ham-ni-da

나: 어서 오세요.　　いらっしゃい。
　　eo-seo　o-se-yo

平양 平壌

북한 北韓

금강산 金剛山 1638m

DMZ

철원 鉄原

판문점 板門店

남이섬 南怡島

춘천 春川

춘천닭갈비 春川タッカルビ

설악산 雪岳山 1708m

정동진 正東津

서울 ソウル

강원도 江原道

강릉 江陵

초당순두부 草堂スンドゥブ

강화도 江華島

仁川 인천

경기도 京畿道

용인 容認

한국민속촌 韓国民俗村

안동찜닭 アンドンチムダク

고인돌 ドルメン

서울타워 ソウルタワー

천안 天安

충청북도 忠清北道

문경 聞慶

문경새재 聞慶セジェ

安東 안동

하회마을 河回村

불국사 仏国寺

독립기념관 独立記念館

충청남도 忠清南道

百済 文化団地

백제 문화단지

부여 扶余

대전 大田

경상북도 慶尚北道

대구 大邱

경주 慶州

석굴암 石窟庵

전주한옥마을 全州韓屋村

전주 全州

근대골목 近代横町

안지랑곱창 アンジランホルモン

울산 蔚山

전주비빔밥 全州式ビビンバ

전라북도 全羅北道

경상남도 慶尚南道

지리산 智異山 1915m

부산 釜山

광주 広州

무등산 無等山

순천 順天

갯장어 ハモ

전라남도 全羅南道

여수 麗水

EXPO

해운대 海雲台

珍島 진도

신비의바닷길 神秘の海の道

順天湾庭園 순천만정원

짱뚱어탕 ムツゴロウの汁

オレ道 올레길

済州道 제주도

한라산 漢拏山 1950m

29

안녕하세요? 저는 일본 사람입니다.

こんにちは。私は日本人です。

7-1 입니다 / 입니까 （です／ですか）

★Point	名詞の後に付いて丁寧な断定を表す表現。

名詞＋입니다	名詞＋です
名詞＋입니까	名詞＋ですか

名詞＋입니다		名詞＋입니까？	
학교입니다	学校です	학교입니까?	学校ですか
학생입니다	学生です	학생입니까?	学生ですか

☞「입니다 / 입니까」に先行する名詞の最後にパッチムがあると発音は連音化する。
☞「학교」と「학생」は、濃音化によってそれぞれ / 학꾜 / と / 학쌩 / と発音される。

濃音化 / ㄱ /、/ ㄷ /、/ ㅂ / のパッチムに続く平音の「ㄱ」、「ㄷ」、「ㅂ」、「ㅅ」、「ㅈ」は、それぞれ濃音の / ㄲ /、/ ㄸ /、/ ㅃ /、/ ㅆ /、/ ㅉ / と発音される。

例 책상（机）/ 책쌍 /、잡지 {雑誌} 잡찌 /、극장 {劇場} / 극짱 /

7-2 는 / 은 （は）

★Point	日本語の助詞「は」に当たる助詞。名詞の種類によって使い分ける。

母音終わりの名詞＋는	名詞＋は
子音終わりの名詞＋은	

母音終わりの名詞＋는		子音終わりの名詞＋은	
저는	私は	학생은	学生は
학교는	学校は	선생님은	先生は

☞ 母音終わりの名詞とは、名詞の最終音節にパッチムがない名詞、子音終わりの名詞とは、名詞の最終音節にパッチムがある名詞。
☞「은」に先行する名詞は最後にパッチムがあるので、発音は連音化する。

例 선생님은（先生は）/ 선생니믄 /、직업은（職業は）/ 지거븐 /、이름은（名前は）/ 이르믄 /

1 보기のように、「A は B です」の文を作ってみよう。　🎵 34

보기	나 (僕、わたし) / 학생 (学生) → 나는 학생입니다.

(1) 이름 (名前) / 다나카 (田中) _____

(2) 집 (家) / 서울 (ソウル) _____

(3) 직업 {職業} / 회사원 {会社員} _____

2 보기のように、「A は B ですか」の文を作ってみよう。　🎵 35

보기	선생님 (先生) / 한국 사람 (韓国人) → 선생님은 한국 사람입니까?

(1) 다나카 씨 (田中さん) / 중국 사람 (中国人) _____

(2) 화장실 (トイレ) / 어디 (どこ) _____

(3) 일본 사람 (日本人) / 누구 (誰) _____

3 単語を入れ替え、会話の練習をしてみよう。　🎵 36　🎵 37

가 : 김유미 씨는　학생　입니까?　나 : 네,　학생　입니다.
キムユミさんは　선생님　ですか。　　はい,　선생님　です。
　　　　　　　　회사원　　　　　　아뇨,　회사원
　　　　　　　　가수　　　　　　いいえ,　가수
　　　　　　　　배우　　　　　　　　　배우
　　　　　　　　의사　　　　　　　　　의사
　　　　　　　　간호사　　　　　　　　간호사
　　　　　　　　미용사　　　　　　　　미용사

가 : 다나카 씨는　어느 나라 사람입니까?　나 : 저는　한국　사람입니다.
タナカさんは　どの国の人ですか。　　私は　일본　人です。
　　　　　　　　　　　　　　　　　　　　중국
　　　　　　　　　　　　　　　　　　　　미국
　　　　　　　　　　　　　　　　　　　　영국
　　　　　　　　　　　　　　　　　　　　프랑스
　　　　　　　　　　　　　　　　　　　　독일
　　　　　　　　　　　　　　　　　　　　러시아

*国名と職業は 35 ページを参考すること。

7-3 鼻音化

前の音節のパッチムが /ㄱ/、/ㄷ/、/ㅂ/ の発音で、続く音節の初声が [n] か [m]（「ㄴ」か「ㅁ」）の場合、/ㄱ/、/ㄷ/、/ㅂ/ はそれぞれ鼻音の /ㅇ/、/ㄴ/、/ㅁ/ に発音される。

38

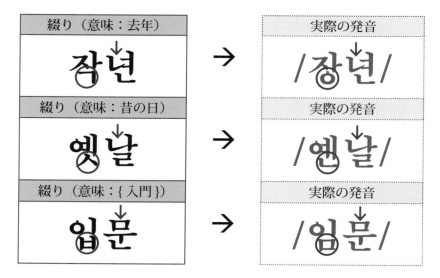

綴り	意味	発音	綴り	意味	発音
박물관	{博物館}	/방물관/	학년	{学年}	/항년/
십만	{十万}	/심만/	입니다	（名詞）です	/임니다/

自己紹介で使える表現

- 처음 뵙겠습니다. （はじめまして）
- （이）라고 합니다. （と言います／と申します）

> 母音終わりの名詞＋라고 합니다.
> 子音終わりの名詞＋이라고 합니다.

- 만나서 반갑습니다. （お会いできて嬉しいです）
- 앞으로 잘 부탁합니다. （これからよろしくお願いします）

1 単語を発音通りに書いてみよう。日本語の意味がないものはその意味も書くこと。　♪ **39**

한국말	학년	박물관	국민	입문	백만
韓国語			{国民}		{百万}
/	/	/	/	/	/

합니다	작년	몇 명	콧물	끝나다	옛날
します・言います		何人	鼻水	終わる	
/	/	/	/	/	/

2 人や物の名前を紹介する表現（「と言います」）を練習しよう。　♪ **40**

> **보기**　김유미 (キムユミ) → 김유미라고 합니다.
> 이수철 (イスチョル) → 이수철이라고 합니다.

(1) 스즈키 (鈴木) _____

(2) 맥도날드 (マクドナルド) _____

(3) 스마트폰 (スマートフォン) _____

(4) 케이티엑스 (KTX) _____

(5) 강남 (江南) _____

3 自己紹介をしてみよう。

안녕하세요? 처음 뵙겠습니다. 저는 _____ (이름) (이) 라고 합니다.
_____ (나라) 사람입니다. 저는 _____ (직업) 입니다.
_____ 는 / 은 _____ 입니다.
만나서 반갑습니다. 앞으로 잘 부탁합니다.

가: 안녕하세요? 처음 뵙겠습니다. 김유미입니다.

나: 안녕하십니까? 저는 다나카 아키토라고 합니다.

가: 다나카 씨는 중국 사람입니까?

나: 아뇨, 저는 일본 사람입니다.
　　김유미 씨는 어느 나라 사람입니까?

가: 저는 한국 사람입니다.

나: 네. 만나서 반갑습니다.

・国名 （나라 이름）

핀란드
대한민국(한국)
독일
영국
러시아
캐나다
프랑스
터키
이탈리아
중국
미국
스페인
일본
인도
대만
아프리카
홍콩
태국
멕시코
필리핀
말레이시아
인도네시아
브라질
싱가포르
호주
남아프리카 공화국
뉴질랜드

・職業 （직업）

교사 {教師}	배우 {俳優}	가수 {歌手}	약사 （薬剤師）	회사원 {会社員}	주부 {主婦}
변호사 {弁護士}	의사 {医師}	간호사 {看護師}	미용사 {美容師}	기술자 （エンジニア）	경찰관 {警察官}
운전사/기사 （運転手）	점원 {店員}	공무원 {公務員}	소방관 （消防士）	비서 {秘書}	대학교수 {大学教授}
감독 {監督}	농부 {農夫}	어부 （漁師）	회계사 {会計士}	검사 {検事}	연구원 {研究員}
건축가 {建築家}	작가 {作家}	디자이너 （デザイナー）	강사 {講師}	통역사 （通訳人）	운동선수 {運動選手}

제 08 과

이것이 무엇입니까?

これは何ですか。

8-1　이것 / 그것 / 저것 / 어느 것 / 무엇 (これ / それ / あれ / どれ / 何)

⭐Point	事物を指示する3人称代名詞・指示連体詞			
이것・이	**그것・그**	**저것・저**	**어느 것・어느**	**무엇・무슨**
これ・この	それ・その	あれ・あの	どれ・どの	何・何の

8-2　가 / 이 아닙니다 (ではありません)

⭐Point	名詞の後に付いて丁寧な否定を表す表現。

母音終わりの名詞＋가 아닙니다
子音終わりの名詞＋이 아닙니다　　　**名詞＋ではありません**

母音終わりの名詞＋가 아닙니다		子音終わりの名詞＋이 아닙니다	
의자가 아닙니다	椅子ではありません	책상이 아닙니다	机ではありません
시계가 아닙니다	時計ではありません	지갑이 아닙니다	財布ではありません

☞ 疑問形は「名詞＋가 / 이 아닙니까?」で、「名詞＋ではありませんか」となる。
☞ 「제가 아닙니다」(私ではありません) の形に注意。

8-3　의 (の)

⭐Point	名詞の後に付いて、後続の名詞に対し所有、所属、関係などを表す助詞。

名詞＋의	**名詞＋の**

名詞＋의＋名詞		名詞＋名詞	
어머니의 구두	母の靴	어머니 구두	母の靴
선생님의 가방	先生の鞄	선생님 가방	先生の鞄

☞ 「의」は名詞の種類と関係なく同じ形で付く。発音は / 에 / になることが多い。
☞ 「의」は省略されやすい。省略した方が自然な場合と、入れた方が自然な場合がある。
☞ 「제 컴퓨터」(私のパソコン) の形に注意。

1 보기의 같이, 質問と答えを作ってみよう。 🎵 **43**

> 보기 가방 (鞄) → 그것이 무엇입니까? ―이것은 가방입니다.

(1) 핸드폰 (携帯電話) _____

(2) 볼펜 (ボールペン) _____

(3) 한국어 책 (韓国語の本) _____

2 보기의 같이, 質問と答えを作ってみよう。 🎵 **44**

> 보기 연필 (鉛筆), 볼펜 (ボールペン)
> → 저것은 연필입니까?
>   ―아뇨, 저것은 연필이 아닙니다. 볼펜입니다.

(1) 책 (本), 공책 (ノート)

_____

(2) 교과서 {教科書}, 사전 (辞書)

_____

(3) 신문 {新聞}, 잡지 {雑誌}

_____

3 보기의 같이, 質問と答えを作ってみよう。 🎵 **45**

> 보기 어머니 (母), 손수건 (ハンカチ), 저것 (あれ)
> → 어머니의 손수건은 어느 것입니까?
>   ―어머니의 손수건은 저것입니다.

(1) 언니 (姉), 시계 {時計}, 이것 (これ)

_____

(2) 아버지 (父), 안경 {眼鏡}, 그것 (それ)

_____

　도（も）

| ★Point | 名詞の後に付いて、追加、許容、強調などを表す助詞。 |

| 名詞＋도 | 名詞＋も |

名詞＋도 名詞입니다.			
저는 학생입니다. 언니도 학생입니다.	私は学生です。 姉も学生です。	이것은 책입니다. 저것도 책입니다.	これは本です。 あれも本です。
형은 의사입니다. 누나도 의사입니다.	兄は医者です。 姉も医者です。	주소는 서울입니다. 고향도 서울입니다.	住所はソウルです。 故郷もソウルです。

☞「도」も、名詞の種類と関係なく同じ形で付く。
☞ 先行する名詞のパッチムによって、発音が有声音化、濃音化する。

家族呼称

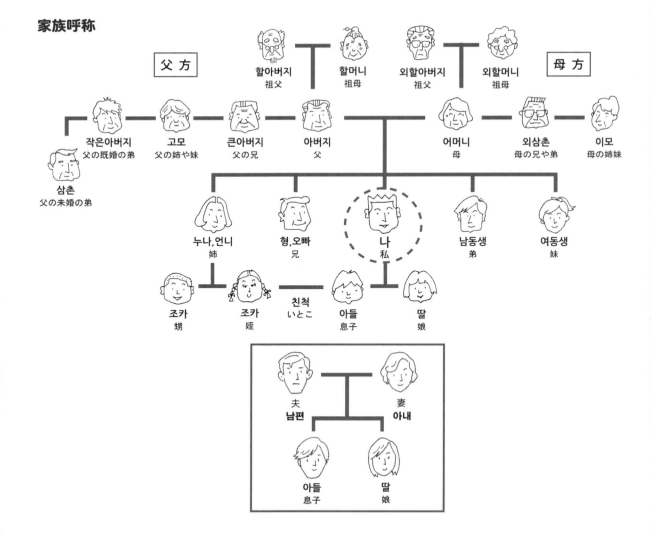

1 보기のように、文を作ってみよう。　♪ 46

> | 보기 |
> 저 (私), 오빠 (兄), 학생 {学生}
> → 저는 학생입니다. 오빠도 학생입니다.

(1) 언니 (姉), 여동생 (妹), 간호사 {看護師}

_____

(2) 아버지 (父), 삼촌 (おじ), 공무원 {公務員}

_____

(3) 이것 (これ), 저것 (あれ), 지우개 (消しゴム)

_____

(4) 집 (家), 학교 {学校}, 부산 {釜山}

_____

2 보기のように、質問に答えて、家族呼称を当ててみよう。　♪ 47

> | 보기 |
> 나 (私) 는 여자 (女性) 입니다.
> 아버지의 아버지는 누구 (誰) 입니까?
> → 우리 할아버지입니다.

(1) 어머니의 여동생은 누구입니까?

_____

(2) 아버지의 누나는 누구입니까?

_____

(3) 아들의 외할아버지는 누구입니까?

_____

(4) 언니의 딸은 누구입니까?

_____

3 誰のものか。韓国語で言ってみよう。そして、日本語の意味も書いてみよう。

(1) 거울 / 누나　거울은 누나 것입니다. (鏡は姉のです)
(2) 잡지 / 남동생 _____
(3) 사전 / 아버지 _____
(4) 지갑 / 어머니 _____
(5) 손수건 / 이모 _____

第08課　会話

가: 이것이 무엇입니까?

나: 그것은 지갑입니다.

가: 저것도 지갑입니까?

나: 아뇨, 저것은 지갑이 아닙니다.
　　필통입니다.

가: 누구(의) 것입니까?

나: 우리 언니 것입니다.

資料7 基本名詞（家(집)にあるもの）

① 방（部屋）	⑨ 거울（鏡）	⑰ 열쇠（鍵）
② 욕실 {浴室}	⑩ 전화기 {電話機}	⑱ 시계 {時計}
③ 거실（居間）	⑪ 텔레비전（テレビ）	⑲ 화장실（トイレ）
④ 부엌（台所）	⑫ 휴대전화 {携帯電話}	⑳ 벽 {壁}
⑤ 탁자（テーブル）	⑬ 우산（傘）	㉑ 바닥（床）
⑥ 소파（ソファ）	⑭ 모자 {帽子}	㉒ 문（ドア）
⑦ 침대（ベッド）	⑮ 손수건（ハンカチ）	㉓ 창문（窓）
⑧ 옷장（クローゼット）	⑯ 양말（靴下）	㉔ 전등 {電灯}

資料8　基本名詞（学校（학교）にあるもの）

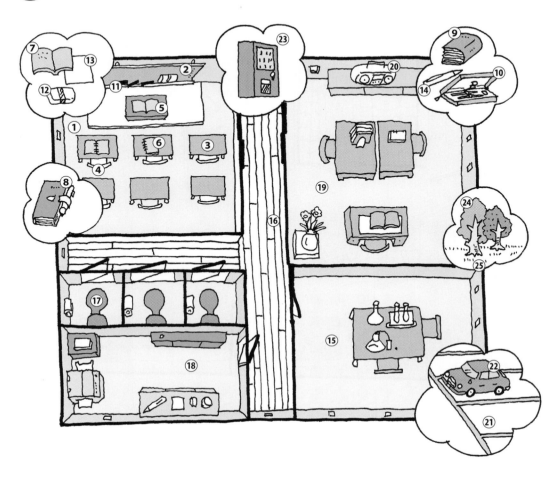

① 교실（教室）	⑪ 분필（チョーク）	㉑ 주차장（駐車場）
② 칠판（黒板）	⑫ 지우개（消しゴム）	㉒ 자동차（自動車）
③ 책상（机）	⑬ 책받침（下敷き）	㉓ 자판기（自販機）
④ 의자（椅子）	⑭ 샤프（シャープペン）	㉔ 나무（木）
⑤ 책（本）	⑮ 연구실（研究室）	㉕ 잔디밭（芝生）
⑥ 공책（ノート）	⑯ 복도（廊下）	
⑦ 교과서（教科書）	⑰ 화장실（トイレ）	
⑧ 수첩（手帳）	⑱ 복사실（印刷室）	
⑨ 사전（辞書）	⑲ 교무실（職員室）	
⑩ 필통（筆箱）	⑳ 라디오（ラジオ）	

・韓国の結婚式は誰でも予約なし
で行ける
・韓国人は良いことがあると、周り
の人にご馳走する
・レストランではキムチやおかずが、
コーヒーショップではコーヒーがお
替りできる
・韓国では、男性は「아저씨」、女
性は「언니」とよく呼ぶ
➡韓国人は人情深く、人
間的で家族的。

・韓国人は、年長者には
何でも譲る（席、順番など）
・年長者の前でお酒を飲むとき
は、その人に背を向けて飲む
・韓国の町では十字架をよく見
かける
➡儒教の文化が根強く残っ
ていながら、教会に行
く人が多い。

・韓国の家庭のエアコンは、冷
房しか効かない
・韓国のマンションのベランダは、必
ず外側に窓が付いている
・晴れの日も、ベランダに布団を干す家
はない
・韓国の家は、玄関を上がるとすぐ広い
居間になっている
・外出から帰ると、手以外に、足を洗う
➡韓国の気候による住宅構造
や生活習慣がうかがえます。

・自分を指すとき、日本人は鼻を指差
すが韓国人は胸を指差す
・韓国では、頭を殴る行為は非常に軽蔑される
・満員電車に乗るとき、日本人は外向きで乗る
が、韓国人は内向きで乗る
・室内に入る際、靴を脱いだら、玄関ではなく
居間向きに置く
・韓国人は声が大きく、喧嘩がとても激しい
➡韓国では声の大きい人が勝つという笑
い話もありますが、個人主義は薄い
反面、プライドが高い国民性に
よるものかもしれません。

・韓国人は初給料をもらうと
両親に下着をプレゼントする
・誕生日にはわかめスープを食べ、
刑務所から出たら豆腐を食べる
・引越祝いに洗剤とトイレットペー
パーをプレゼントする
・受験生には飴や餅をあげる
・飲み会では、杯が空っぽになるま
で、お酒を注ぎ足ししない
➡韓国独特のジンクス
文化。

・車のクラクションの音を
よく耳にする
・韓国はインターネットが速い
・韓国は世界でも例を見ない速い
スピードで先進国化した国
➡韓国の「빨리, 빨리（速く、
速く」文化の悪い点と良
い点。

韓国のドラマで見たことありますか？
ちょっとした日本との違いから韓国の文化と
韓国人の特徴をのぞいてみましょう。

제 09 과

(タイトル)
49

학교가 어디에 있습니까?

学校はどこにありますか。

9-1 ▶ 가 / 이 （が）

⭐**Point**	日本語の助詞「が」に当たる助詞。名詞の種類によって使い分ける。

母音終わりの名詞＋가 子音終わりの名詞＋이	名詞＋が

母音終わりの名詞＋가		子音終わりの名詞＋이	
제가	私が	학생이	学生が
학교가	学校が	선생님이	先生が

☞「이」に先行する名詞の最後にパッチムがあると発音は連音化する。
例 선생님이（先生が）/ 선생니미 /、직업이（職業が）/ 지거비 /、이름이（名前が）/ 이르미 /
☞「가 / 이」は、意味的には日本語の「が」に当たるが、「は」のように広く使われる。
☞「제가」（私が）と「누가」（誰が）の形に注意。×저가 ×누구가

9-2 ▶ 있습니다 / 없습니다 （存在します／存在しません）

⭐**Point**	存在の有無を表す述語表現。「ある」と「いる」の区別はない。

있습니다 / 있습니까 ?	あります・います／ありますか・いますか
없습니다 / 없습니까 ?	ありません・いません／ありませんか・いませんか

母音終わりの名詞＋가 있습니다		子音終わりの名詞＋이 있습니다	
의자가 있습니다	椅子があります	책이 있습니다	本があります
언니가 있습니다	姉がいます	동생이 있습니다	下の兄弟がいます
母音終わりの名詞＋가 없습니다		**子音終わりの名詞＋이 없습니다**	
의자가 없습니다	椅子はありません	책이 없습니다	本はありません
언니가 없습니다	姉はいません	동생이 없습니다	下の兄弟はいません

☞日本語では「は」になりやすい存在の否定文も、韓国語では「가 / 이」が一般的。対比・対照の意を強調する時は、「는 / 은」になる。

44

練(연)習(습)問(문)題(제)

1 보기のように、文を作ってみよう。　♪ 50

> **보기**　필통 (筆箱) ○, 연필 {鉛筆} ×
> → 필통이 있습니다. 연필은 없습니다.

(1) 신문 {新聞} ○, 잡지 {雑誌} ×

_____

(2) 컴퓨터 (パソコン) ○, 텔레비전 (テレビ) ×

_____

(3) 침대 (ベッド) ○, 소파 (ソファ) ×

_____

(4) 자동차 {自動車} ○, 주차장 {駐車場} ×

_____

2 보기のように、文を作ってみよう。　♪ 51

> **보기**　누나 (姉) ○, 형 {兄} ○
> → 누나가 있습니다. 형도 있습니다.

(1) 아버지 (父) ○, 어머니 (母) ○

_____

(2) 여동생 (妹) ○, 남동생 (弟) ○

_____

(3) 이모 (母の姉妹) ○, 고모 (父の姉や妹) ○

_____

(4) 삼촌 (父の弟) ○, 외삼촌 (母の兄や弟) ○

_____

3　友達に、家族について聞いてみよう。　♪ 52

김유미 / 다나카 씨는	오빠 / 형	가 / 이 있습니까?	네,	있습니다.
キムユミ / タナカさんは	언니 / 누나	がいますか？	はい、	います。
	남동생 / 여동생		아뇨,	없습니다.
	이모 / 고모		いいえ、	いません。
	삼촌 / 외삼촌			
	조카			

9-3 ▷ 에（に）（場所）

★Point	場所を表す名詞の後に付く、日本語の「に」に当たる助詞。

場所名詞＋에		**場所名詞＋に**	

場所名詞＋에			
학교에	学校に	교실에	教室に
어디에	どこに	편의점에	コンビニに

☞ 名詞の種類と関係なく同じ形で付く。先行名詞の最後にパッチムがあると発音は連音化する。

㉠ 교실에（教室に）/ 교시레 /、편의점에（コンビニに）/ 펴니저메 /

9-4 ▷ 와 / 과（と）

★Point	名詞の後に付いて、羅列、比較、対照等を表す、日本語の「と」に当たる助詞。

母音終わりの名詞＋와 **子音終わりの名詞＋과**	**名詞＋と**

母音終わりの名詞＋와		子音終わりの名詞＋과	
저 와	私と	학생과	学生と
학교와	学校と	선생님과	先生と

☞ これまでの助詞と付き方が異なるのに注意すること。連音化は起こらない。

位置関係の言葉

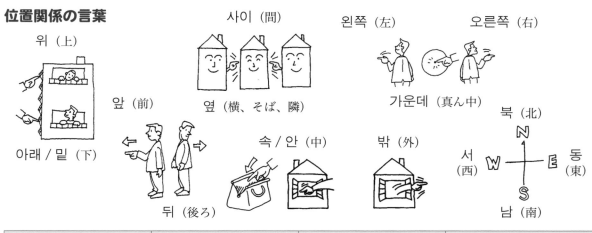

위（上）
아래 / 밑（下）
앞（前）
뒤（後ろ）
사이（間）
옆（横、そば、隣）
속 / 안（中）
밖（外）
왼쪽（左）
오른쪽（右）
가운데（真ん中）
북（北）
서（西）
동（東）
남（南）

여기 / 이쪽	거기 / 그쪽	저기 / 저쪽	어디 / 어느 쪽
ここ・こちら	**そこ・そちら**	**あそこ・あちら**	**どこ・どちら**

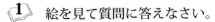

1 絵を見て質問に答えなさい。

(1) 방 안에 사람이 있습니까?

_____

(2) 전등은 어디에 있습니까?

_____

(3) 벽에 시계가 있습니까?

_____

(4) 탁자는 어디에 있습니까?

_____

2 보기のように、文を作ってみよう。　🎵 **53**

보기	학교 {学校} 안 , 식당 {食堂}, 편의점 (コンビニ)
	→ 학교 안에 식당과 편의점이 있습니다.

(1) 집 (家) 안 , 어머니 (母), 할머니 (祖母)

_____

(2) 공원 {公園} 뒤 , 병원 {病院}, 커피숍 (コーヒーショップ)

_____

(3) 백화점 (デパート) 앞 , 약국 {薬局}, 우체국 (郵便局)

_____

(4) 미용실 {美容室} 옆 , 서점 {書店}, 극장 {劇場}

_____

3 보기の単語を使って、日本語の意味に合った韓国語の文を作ってみよう。

보기	학교 / 커피숍 / 병원 / 편의점 / 교실 / 공원 / 집
	안 / 앞 / 사이 / 누구

(1) 教室の中に誰がいますか。

_____

(2) 学校は公園と病院の間にあります。

_____

(3) 家の前にコーヒーショップがあります。コンビニはありません。

_____

第 09 課　会話

가: 유미 씨는 대학생입니까?

나: 네, 대학교 일 학년입니다.

가: 유미 씨 학교는 어디에 있습니까?

나: 저 공원 뒤에 있습니다.

가: 학교 안에 학생 식당이 있습니까?

나: 네, 있습니다. 커피숍과 편의점도 있습니다.

가: 학교 안에 박물관도 있습니까?

나: 아뇨, 박물관은 없습니다.

資料⑩ 場所名詞

・普段出かける場所

학교 {学校}	회사 {会社}	공원 {公園}	학원 (塾)	시장 {市場}
유원지 {遊園地}	백화점 (デパート)	헬스장 (ジム)	수영장 (プール)	지하철역 {地下鉄駅}
마트 (スーパー)	식당 (レストラン)	옷가게 (衣服店)	꽃집 (花屋)	편의점 (コンビニ)
서점 {書店}	세탁소 (クリーニング屋)	미용실 {美容室}	주유소 (ガソリンスタンド)	주차장 {駐車場}
호텔 (ホテル)	극장 {劇場}	영화관 {映画館}	미술관 {美術館}	동물원 {動物園}

・官公署等

은행 {銀行}	병원 {病院}	우체국 (郵便局)	박물관 {博物館}	경찰서 {警察署}
소방서 {消防署}	공항 {空港}	약국 {薬局}	법원 (裁判所)	시청 (市役所)
구청 (区役所)	도서관 {図書館}	기업 {企業}	재단 {財団}	법인 {法人}
공사 {公社}	센터 (センター)	학회 {学会}	연구원 {研究院}	연구소 {研究所}
파출소 (交番)	전화국 {電話局}	방송국 {放送局}	사무실 (オフィス)	공연장 (イベントホール)

오후에 무엇을 합니까?

午後に何をしますか。

| 10-1 | ㅂ니다 / 습니다 （ます・です） | 「합니다」体 |

| ⭐Point | 動詞、形容詞など用言の語幹などに付いて、丁寧な叙述を表す終結語尾。 |

母音語幹＋ㅂ니다
子音語幹＋습니다   **用言＋ます・です**
ㄹ語幹（ㄹ脱落）＋ㅂ니다

用言と語幹 動詞、形容詞など活用する単語を**用言**という。用言が活用する際、形が変わらない部分を語幹という。
　韓国語の用言の語幹は、基本形（辞書形）から語尾「다」を取り除いた部分。動詞と形容詞の形上の違いはない。
例 가**다**（行く）の語幹：「가」、좋**다**（良い）の語幹：「좋」

母音語幹＋ㅂ니다（平叙形）				母音語幹＋ㅂ니까？（疑問形）			
가다 行く	가	ㅂ니다	갑니다 行きます	가다 行く	가	ㅂ니까	갑니까？ 行きますか
하다 する	하	ㅂ니다	합니다 します	하다 する	하	ㅂ니까	합니까？ しますか

☞ すでに学んだ「名詞 입니다 / 입니까」「있습니다 / 없습니다」「（가 / 이）아닙니다」は、それぞれ基本形「名詞 이다」「있다 / 없다」「（가 / 이）아니다」が活用した形。

子音語幹＋습니다（平叙形）				子音語幹＋습니까？（疑問形）			
먹다 食べる	먹	습니다	먹습니다 食べます	먹다 食べる	먹	습니까	먹습니까？ 食べますか
좋다 良い	좋	습니다	좋습니다 良いです	좋다 良い	좋	습니까	좋습니까？ 良いですか

ㄹ語幹（ㄹ脱落）＋ㅂ니다				ㄹ語幹（ㄹ脱落）＋ㅂ니까？			
알다 知る	아	ㅂ니다	압니다 知っています	알다 知る	아	ㅂ니까	압니까？ 知っていますか
멀다 遠い	머	ㅂ니다	멉니다 遠いです	멀다 遠い	머	ㅂ니까	멉니까？ 遠いですか

☞ 語幹の最後に「ㄹ」パッチムがある用言は、「합니다」体に活用する際、「ㄹ」が脱落することに注意。

① 「합니다」体を作ってみよう。発音しながら書くこと。

用言		平叙形 （ㅂ니다 / 습니다）	疑問形 （ㅂ니까 ? / 습니까 ?）
가다	行く		
먹다	食べる		
하다	する		
읽다	読む		
사다	買う		
듣다	聞く		
오다	来る		
쓰다	書く		
알다	知る		
기다리다	待つ		
좋다	良い		
싫다	嫌いだ		
멀다	遠い		
길다	長い		

10-2 ▷ 에（に）（時間）

★Point	時間を表す名詞の後に付く、日本語の「に」に当たる助詞。

時間名詞＋에	**時間名詞＋に**

時間名詞＋에				時間名詞のみ	
아침에	朝に	오전에	午前に	어제	昨日
점심에	昼に	오후에	午後に	오늘	今日
저녁에	夕方に	주말에	週末に	내일	明日

☞ 名詞の種類と関係なく同じ形で付く。先行名詞の最後にパッチムがあると連音化する。

例 아침에（朝に）/ 아치메 /、주말에（週末に）/ 주마레 /

☞「아침」「점심」「저녁」は、それぞれ「朝食」「昼食」「夕食」の意味を持つ。

☞「어제（昨日）」「오늘（今日）」「내일（明日）」及び「지금（今）」には、「에」が付かない。

10-3	에（に），에서（で）（場所）

☆Point	場所を表す名詞の後に付いて、目的地と行為の場所を表す。

場所名詞＋에　　　　　　　　　　**場所名詞＋に**

場所名詞＋에서　　　　　　　　　**場所名詞＋で**

場所名詞＋에		場所名詞＋에서	
학교에 다닙니다	学校に通います	집에서 쉽니다	家で休みます
백화점에 갑니다	デパートに行きます	회사에서 일합니다	会社で働きます

10-4	를 / 을（を）

☆Point	名詞の後に付いて、動作の対象を表す、日本語の「を」に当たる助詞。

母音終わりの名詞＋를

子音終わりの名詞＋을　　　　　　　　　**名詞＋を**

母音終わりの名詞＋를		子音終わりの名詞＋을	
공부를 하다	勉強をする	밥을 먹다	ご飯を食べる
편지를 쓰다	手紙を書く	책을 읽다	本を読む
친구를 만나다	友達に会う	전철을 타다	電車に乗る

☞「만나다（会う）」と「타다（乗る）」は、日本語の助詞と違うので要注意。

10-5	러 / 으러（に）

☆Point	動詞の語幹に付いて、行く、または、来る等の動作の目的を表す連結語尾。

母音語幹＋러

子音語幹＋으러　　　　　　　　　**動詞＋に**

ㄹ語幹＋러

母音語幹＋러				子音語幹＋으러			
사다 買う	사	러	사러 갑니다 買いに行きます	먹다 食べる	먹	으러	ㅂ니다	먹으러 갑니다 食べに行きます
하다 する	하	러	하러 옵니다 しに来ます	읽다 読む	읽	으러	ㅂ니다	읽으러 옵니다 読みに来ます

☞「놀다（遊ぶ）」「팔다（売る）」のような「ㄹ語幹」動詞は、「놀러 갑니다（遊びに行きます）」「팔러 다닙니다（売りに回っています）」のようになる。**脱落はない。**

52

練習問題

1 보기のように、「～で～をします」と言ってみよう。　♪ 56

> **보기**　평일 平日, 학교 学校, 공부 勉強, 하다 する
> → 평일에는 학교에서 공부를 합니다.

(1) 오후 午後, 커피숍 コーヒーショップ, 이야기 話, 하다 する

(2) 내일 明日, 회사 会社, 일 仕事, 하다 する

(3) 지금 今, 공원 公園, 친구 友達, 기다리다 待つ

(4) 주말 週末, 학원 塾, 한국어 韓国語, 가르치다 教える

(5) 저녁 夕方, 서점 書店, 책 本, 사다 買う

2 보기のように、「～しに～へ行きます」と答えてみよう。　♪ 57

> **보기**　어디에 갑니까? (책 本, 읽다 読む, 도서관 図書館)
> → 책을 읽으러 도서관에 갑니다.

(1) 어디에 갑니까? (친구 友達, 만나다 会う, 커피숍 コーヒーショップ)

(2) 어디에 갑니까? (영화 映画, 보다 見る, 영화관 映画館)

(3) 어디에 갑니까? (밥 ご飯, 먹다 食べる, 학생 식당 学生食堂)

(4) 어디에 갑니까? (옷 服, 사다 買う, 백화점 デパート)

(5) 어디에 갑니까? (요리 料理, 배우다 学ぶ, 요리학원 料理学校)

第10課　会話

가: 오늘 오후에 어디에 갑니까?

나: 도서관에 갑니다.

가: 도서관에서 무엇을 합니까?

나: 책을 읽습니다. 그리고 공부를 합니다.

가: 이번 주말에는 무엇을 합니까?

나: 언니와 같이 옷을 사러 백화점에 갑니다.

가: 언니와 같이 저녁을 먹습니까?

나: 아뇨, 저녁은 친구와 같이 먹습니다.

가다 (行く)	오다 (来る)	타다 (乗る)	내리다 (降りる)	먹다 (食べる)	마시다 (飲む)
일하다 (働く)	쉬다 (休む)	앉다 (座る)	서다 (立つ)	보다 (見る)	듣다 (聞く)
가르치다 (教える)	배우다 (学ぶ)	주다 (あげる/くれる)	받다 (もらう)	읽다 (読む)	쓰다 (書く)
사다 (買う)	팔다 (売る)	들어가다 (入る)	나오다 (出る)	일어나다 (起きる)	자다 (寝る)
시작하다 (始める)	끝내다 (終える)	만나다 (会う)	헤어지다 (別れる)	켜다 (点ける)	끄다 (消す)
빨래하다 (洗濯する)	청소하다 (掃除する)	입다 (着る)	벗다 (脱ぐ)	노래하다 (歌う)	춤추다 (踊る)
묻다 (尋ねる)	대답하다 (答える)	들다 (持つ)	내리다 (おろす)	쇼핑하다 (買い物する)	요리하다 (料理する)
알다 (知る)	모르다 (知らない)	기다리다 (待つ)	전화하다 (電話する)	열다 (開ける)	닫다 (閉める)
운동하다 (運動する)	걷다 (歩く)	살다 (生きる/住む)	죽다 (亡くなる)	좋아하다 (好む)	싫어하다 (嫌う)

제 11 과

생일이 언제입니까?

誕生日はいつですか。

11-1 漢数詞

☆Point		日本語の「いち、に、さん、…」に当たる、漢字語の数字。							
1	2	3	4	5	6	7	8	9	10
일	이	삼	사	오	육	칠	팔	구	십
11	12	13	14	15	16	17	18	19	20
십일	십이	십삼	십사	십오	십육	십칠	십팔	십구	이십
30	40	50	60	70	80	90	100	1000	10000
삼십	사십	오십	육십	칠십	팔십	구십	백	천	만

☞ 数字の読みにも連音化があるのに気を付ける。例 십일 / 시빌 / , 십오 / 시보 /

☞ 「0」(ゼロ) は「영 (零)」と「공 (空)」がある。電話番号等を言うときは、「공 (空)」を使用する。
例 090-1234-5678 (공구공 일이삼사 오육칠팔)

☞ 数字の言い方は、「1万」「1千万」以外は日本語と同じ。「1万」は「만」、「1千万」は「천만」という。

11-2 년월일　年月日

☆Point					年月日の言い方は、日本語と同じ。						
1月	2月	3月	4月	5月	6月	7月	8月	9月	10月	11月	12月
일월	이월	삼월	사월	오월	유월	칠월	팔월	구월	시월	십일월	십이월

☞ 6月と10月は、他の月とは違い、「数字＋月」の数字が変わっているので要注意。

年月日の言い方			
천구백사십오년	1945 年	팔월 십오일	8 月 15 日
천구백팔십팔년	1988 年	구월 십칠일	9 月 17 日
이천십팔년	2018 年	이월 이십오일	2 月 25 日

☞ 年と日も、漢数詞で言う。

練習問題

연습문제

1 数字をハングルで書いてみよう。

(1) 48 _____ (2) 52 _____

(3) 186 _____ (4) 319 _____

(5) 2,975 _____ (6) 8,040 _____

(7) 19,016 _____ (8) 60,580 _____

(9) 751,100 _____ (10) 1,060,000 _____

＊数字をハングルで書くときは万単位毎に分かち書きをする。

2 電話番号をハングルで書いてみよう。

(1) 090-3874-0812 _____

(2) 080-1092-5623 _____

(3) 02-4811-6608 _____

(4) 0985-58-2967 _____

(5) 053-800-1004 _____

3 月の名前をハングルで書いてみよう。

1月	2月	3月	4月	5月	6月	7月	8月	9月	10月	11月	12月

4 年月日をハングルで書いてみよう。

(1) 2002 年 5 月 31 日 _____

(2) 1950 年 6 月 25 日 _____

(3) 1446 年 10 月 9 日 _____

(4) 2030 年 12 月 16 日 _____

5 誕生日（생일）と電話番号（전화번호）をハングルで書いてみよう。

(1) 생일이 언제입니까 ? _____

(2) 전화번호가 몇 번입니까 ? _____

「육（6）」は、表記は一つだけだが、発音が複雑である。

/육/：単独か語頭の数字「6」/육/、「60」/육씹/、「6321」/육싸미일/（番号）

/륙/：①電話番号等で母音終わりの数字の後「5689」/오륙팔구/

②電話番号等で「ㄹ」終わりの数字の後で流音化して「1686」/일륙팔륙/

/뉵/：パッチム「ㅁ」の後で「ㄴ」挿入して、詰まるパッチムの後で鼻音化して

「1236」/일리삼뉵/、「16」/심뉵/、「106」/뱅뉵/、「3466」/삼사융뉵/

11-3 요일 曜日

★Point	曜日の言い方は、日本語と同じ。					
月曜日	火曜日	水曜日	木曜日	金曜日	土曜日	日曜日
월요일	**화요일**	**수요일**	**목요일**	**금요일**	**토요일**	**일요일**

☞ 動作の行われる時間表現として使うときは、必ず助詞の「에」を付ける。

11-4 その他の時間表現

언제	몇 년	몇 월	며칠	무슨 （요일）
いつ	何年	何月	何日	何の・何（曜日）
지난주	이번 주	다음 주	이번 주말	다음 주 금요일
先週	今週	来週	今週末	来週の金曜日

11-5 지 않습니다 （ません／くありません）

★Point	用言の語幹などに付いて、丁寧な否定を表す表現。

用言の語幹＋지 않습니다   動詞＋ません・形容詞＋くありません

動詞の語幹＋지 않습니다		形容詞の語幹＋지 않습니다.	
가다 行く	가지 않습니다 行きません	크다 大きい	크지 않습니다 大きくありません
먹다 食べる	먹지 않습니다 食べまません	좋다 良い	좋지 않습니다 良くありません
놀다 遊ぶ	놀지 않습니다 遊びません	멀다 遠い	멀지 않습니다 遠くありません

☞ 韓国語の動詞と形容詞は基本形が変わらない。

☞ 語幹の種類と関係なく付く。

1 曜日を書いて覚えよう。

月曜日	火曜日	水曜日	木曜日	金曜日	土曜日	日曜日

2 カレンダーを見ながら、各質問に答えてみよう。

6월

일	월	화	수	목	금	토
			1	2	3	4	5
6	7	8	9	10 오늘	11	12
13	14	15	16	17	18	19
20	21	㉒ 시험	23	24	25	㉖ 생일
27	28	29	30			

(1) 6 월 17 일이 무슨 요일입니까 ?

(2) 다음 주 화요일이 몇 월 며칠입니까 ?

(3) 시험이 언제입니까 ?

(4) 생일이 몇 월 며칠입니까 ?

3 보기의 ように、質問と答えの文を作ってみよう。　♪ 63

보기	책 本, 읽다 読む, 컴퓨터 パソコン, 하다 やる

→ 책을 읽습니까 ?
아뇨, 책을 읽지 않습니다. 컴퓨터를 합니다.

(1) 밥 ご飯, 먹다 食べる, 커피 コーヒー, 마시다 飲む

(2) 영화 映画, 보다 見る, 유원지 遊園地, 가다 行く

(3) 옷 服, 사다 買う, 구두 靴, 사다 買う

(4) 편지 手紙, 쓰다 書く, 잡지 雑誌, 보다 見る

* 文の意味によっては、助詞が「를 / 을」（を）ではなく「에」（に）になることに注意。

第11課　会話

가: 내일 오후에 뭘 합니까?

나: 오빠 생일 선물을 사러 백화점에 갑니다.

가: 생일이 언제입니까?

나: 이번 주 토요일입니다.

가: 축하합니다. 생일에 파티를 합니까?

나: 아뇨, 생일 파티는 하지 않습니다.

가: 유미 씨는 생일이 언제입니까?

나: 제 생일은 유월 이십육일입니다.

資料12 韓国の祝祭日と干支

・ 韓国の祝祭日

1月1日	旧暦1月1日	3月1日	旧暦4月8日	5月5日
양력설 元日	설날 正月	삼일절〔3・1節〕 独立運動記念日	석가탄신일 〔釈迦誕辰日〕	어린이날 子供の日
6月6日	**8月15日**	**旧暦8月15日**	**10月3日**	**10月9日**
현충일〔顕忠日〕 戦没者慰霊日	광복절〔光復節〕 独立記念日	추석〔秋夕〕 お盆	개천절〔開天節〕 建国記念日	한글날 ハングルの日
12月25日				
기독탄신일 （크리스마스） 〔基督誕辰日〕				

※ハングルの日は、1991年に公休日より除外されたが、
2012年12月に再び公休日となった。

・ 干支（띠）と動物の名前（동물 이름）

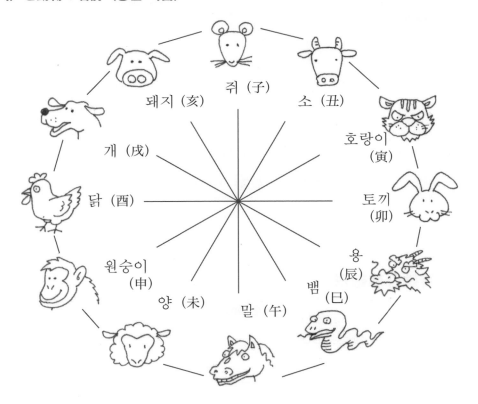

쥐（子）　소（丑）　호랑이（寅）　토끼（卯）　용（辰）　뱀（巳）　말（午）　양（未）　원숭이（申）　닭（酉）　개（戌）　돼지（亥）

自分の干支を言う際は、動物の名前に「띠」を付けて言います。
例　저는 말띠입니다 . （私は午年です。）

어디에 사십니까?

どちらにお住まいですか。

12-1 시 / 으시 （れる・られる） 尊敬形

☆Point	動詞、形容詞など用言の語幹に付いて、尊敬の意を表す先語末語尾。

母音語幹＋시
子音語幹＋으시   **用言＋れる・られる等**
ㄹ語幹（ㄹ脱落）＋시

語尾の種類 　用言が活用する際に変わる部分を語尾という。語尾は、語の最後に来る『語末語尾』（通常『語尾』と呼ぶ）と、それの前に来る『先語末語尾』（補助語幹とも呼ばれる）がある。語末語尾には、文を終わらせる『終結語尾』（「ㅂ니다 / 습니다」など）と別の文に繋げる『連結語尾』（「러 / 으러」など）、用言の品詞を変えてしまう『転成語尾』などがある。

母音語幹＋시＋ㅂ니다				子音語幹＋으시＋ㅂ니다				
가다 行く	가	시	ㅂ니다	가십니다 行かれます	읽다 読む	읽	으시	ㅂ니다	읽으십니다 読まれます
하다 する	하	시	ㅂ니다	하십니다 されます	높다 高い	높	으시	ㅂ니다	높으십니다 お高いです

☞ 語尾に「ㅂ니다」を付けて、「합니다」体の尊敬語を作ってみよう。
☞ 疑問形は、「ㅂ니다」の代わりに「ㅂ니까」を付ける。（例）가십니까？（行かれますか）

ㄹ語幹（ㄹ脱落）＋시＋ㅂ니다								
살다 住む	사	시	ㅂ니다	사십니다 お住まいです	멀다 遠い	머	시	ㅂ니다	머십니다 遠うございます

12-2 特殊な尊敬形

動詞の尊敬形	名詞の尊敬形		助詞の尊敬形
먹다 : 잡수시다 / 드시다	생일 : 생신	이름 : 성함	는 / 은 : 께서는
마시다 : 드시다	나이 : 연세	집 : 댁	가 / 이 : 께서
자다 : 주무시다	사람 : 분	밥 : 진지	에게 : 께
있다 : 계시다 , 있으시다	씨 : 님	말 : 말씀	에게서 : 께
죽다 : 돌아가시다	나 : 저 , 우리 : 저희 , 묻다 問う : 여쭈다 / 여쭙다 伺う 주다 あげる : 드리다 さしあげる （謙譲語）		

1 「합니다」体の普通形と尊敬形を発音しながら書いてみよう。

用言		普通形 （ㅂ니다 / 습니다）	尊敬形 （십니다 / 으십니다）
가다	行く		
먹다	**食べる**		
하다	する		
읽다	読む		
사다	買う		
입다	着る		
오다	来る		
있다	**いる**		
쓰다	書く		
자다	**寝る**		
기다리다	待つ		
알다	知る		
살다	住む		
멀다	遠い		
길다	長い		

* 特殊な尊敬形に注意すること。

2 次の各文を、尊敬の文にしてみよう。**太字**になっている動詞、名詞、助詞すべてを尊敬形（または謙譲語）にすること。波線の人物が尊敬の対象。

(1) 어머니**가** 부엌에서 요리를 **합니다**.（お母さんは台所で料理をしています）

_____

(2) 할아버지**는** 지금 밥을 **먹습니다**.（お祖父さんは今ご飯を食べています）

_____

(3) 회사원이 **사장에게** 우산을 **줍니다**.（会社員が社長に傘をあげます）

_____

(4) 그 **사람**의 **생일**은 몇 월**입니까**?（その人の誕生日は何月ですか）

_____

하고 （と）

★Point	日本語の「と」に当たる、「와 / 과」と同じ意味の口語的な助詞。

名詞＋하고	名詞＋と

名詞＋하고			
독서하고 운동	読書と運動	물하고 음식	水と食べ物
친구하고 같이	友達と一緒に	그것하고 이것	それとこれ

☞「와 / 과」とは違って、名詞のパッチムと関係なく付く。

12-4 よく使われる副詞

頻度を表す		程度を表す	
언제나 , 항상 , 늘	いつも、常に	너무	あまりにも~すぎる
자주 , 잘	頻繁に、よく	매우 , 아주 , 굉장히 , 몹시 , 대단히 , 무척	とても、非常に、大変に、甚だしく
종종 , 가끔 , 때때로	しばしば、たまに、時々	엄청 , 되게 , 너무	すごく、すっごく、とっても（口語的）
보통	普段、通常	참 , 정말 , 진짜	本当に、マジで（口語的）
거의 *否定*	ほとんど（しない）	더 , 더욱 , 훨씬	もっと、ずっと
전혀 *否定*	全く（しない）	좀 , 조금 , 약간	ちょっと、少し、若干
별로 *否定*	あまり（しない）	별로 *否定*	あまり（ない）

練習問題

1 보기のように、「どんな〜」から始まる質問に答えてみよう。

> **보기**
> 어떤 음식을 잘 드십니까? (일본음식 日本料理, 한국음식 韓国料理)
> → 저는 일본 음식하고 한국 음식을 잘 먹습니다.

(1) 어떤 책을 자주 읽으십니까? (소설 小説, 만화 漫画)

_____

(2) 어떤 영화를 잘 보십니까? (액션 アクション, 코미디 コメディ)

_____

(3) 어떤 운동을 자주 하십니까? (테니스 テニス, 야구 野球)

_____

(4) 어떤 음악을 좋아하십니까? (클래식 クラシック, 재즈 ジャズ)

_____

2 보기の中から適切な副詞を選び、文を完成しなさい。

> **보기**
> 　　　　자주 , 가끔 , 정말 , 좀

(1) 저는 수영을 좋아합니다. 수영하러 (　　　　　　) 갑니다.
(2) 어머니의 요리는 (　　　　　　) 맛있습니다.
(3) 뮤지컬은 너무 비쌉니다. (　　　　　　) 보러 갑니다.
(4) 이 옷은 (　　　　　　) 큽니다. 저 옷이 좋습니다.

*79ページの『基本形容詞』を参考にすること。

3 보기のように、質問に答えてみよう。適切な尊敬形を使うこと。

> **보기**
> 아버님께서는 어떤 일을 하십니까? (요리사)
> → 우리 아버지는 요리사이십니다. (父はシェフです)

(1) 어머님께서는 어떤 일을 하십니까? (주부)

(　　　　　　　　　　　　　　　)
_____

(2) 할아버님께서는 어떤 일을 하십니까? (경찰관)

(　　　　　　　　　　　　　　　)
_____

(3) 누님께서는 어떤 일을 하십니까? (변호사)

(　　　　　　　　　　　　　　　)
_____

(4) 남동생 분은 어떤 일을 하십니까? (소방관)

(　　　　　　　　　　　　　　　)

* (3) と (4) の答えに注意。

第12課　会話

가: 다나카 씨 부모님은 어디에 사십니까?

나: 저희 부모님은 도쿄에 계십니다.

가: 아버님은 어떤 일을 하십니까?

나: 우리 아버지는 요리사이십니다.

가: 다나카 씨는 아버님의 요리를 좋아하십니까?

나: 네, 좋아합니다. 정말 맛있습니다.

가: 다나카 씨는 어떤 음식을 잘 드십니까?

나: 저는 일본 음식하고 한국 음식을 잘 먹습니다.

資料13 体の名称

사람의 얼굴（人の顔）

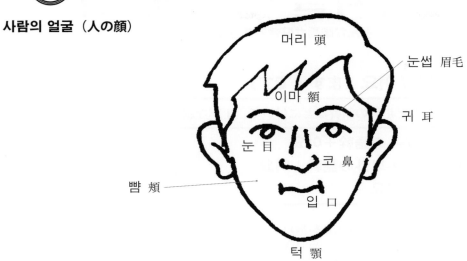

머리 頭
눈썹 眉毛
이마 額
귀 耳
눈 目
코 鼻
뺨 頰
입 口
턱 顎

사람의 몸（人の体）

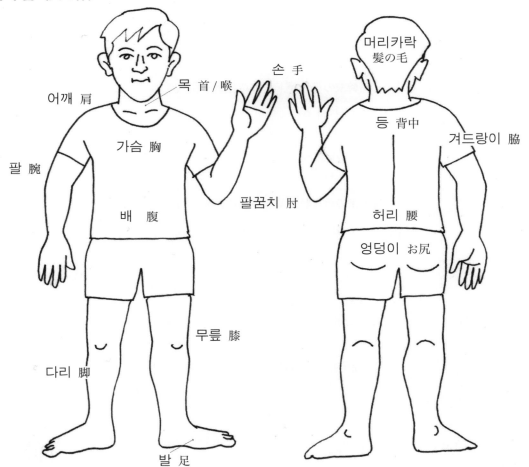

손 手
목 首 / 喉
어깨 肩
가슴 胸
팔 腕
배 腹
팔꿈치 肘
무릎 膝
다리 脚
발 足
머리카락 髪の毛
등 背中
겨드랑이 脇
허리 腰
엉덩이 お尻

제 1 3 과

무슨 영화를 좋아해요?

どんな映画が好きですか。

| **13-1** | 아요 / 어요 / 여요 （ます・です） | 「해요」体の現在形 |

| **⭐Point** | 動詞、形容詞など用言の語幹などに付いて、丁寧な叙述を表す終結語尾（現在形）。 |

> **語幹末の母音が ㅏ か ㅗ の語幹＋아요**
> **語幹末の母音が ㅏ や ㅗ 以外の語幹＋어요**　　　**用言＋ます・です**
> **하다用言の語幹하＋여요**

> 「합니다」体と「해요」体の違い　　いずれも日本語の「です・ます形」に当たる、丁寧な意を表す文体であるが、次のような違いがある。

「합니다」体：かしこまった場面、固い感じ、どちらかというと文語的、男性的。
「해요」体：打ち解けた場面、柔らかい感じ、どちらかというと口語的、女性的。
　さらに、「합니다」体は、平叙形・疑問形・勧誘形・命令形がそれぞれ異なるのに対し、「해요」体は四つの形が同じで、より広く使われる。

語幹末の母音が ㅏ か ㅗ の語幹＋아요							
찾다 探す	찾	아요	찾아요 探します	놀다 遊ぶ	놀	아요	놀아요 遊びます
작다 小さい	작	아요	작아요 小さいです	좋다 良い	좋	아요	좋아요 良いです
語幹末の母音が ㅏ や ㅗ 以外の語幹＋어요							
먹다 食べる	먹	어요	먹어요 食べます	있다 ある	있	어요	있어요 あります
깊다 深い	깊	어요	깊어요 深いです	멀다 遠い	멀	어요	멀어요 遠いです

☞ 以上は子音語幹の用言の例である。母音語幹用言の場合、「해요」体を作る際、語幹末の母音と語尾「아요 / 어요」とが縮約し、形が変わる。

하다用言の語幹하＋여요 ＝ 해요							
공부하다 勉強する	공부하	여요	공부해요 勉強します	운동하다 運動する	운동하	여요	운동해요 運動します
중요하다 重要だ	중요하	여요	중요해요 重要です	행복하다 幸せだ	행복하	여요	행복해요 幸せです

☞ 「하 + 여요」は、「해요」に縮約する。

1 「해요」体の現在形を作ってみよう。発音しながら書くこと。

用言		「해요」体	用言		「해요」体
읽다			공부하다		
앉다	座る		일하다	働く	
닫다	閉める		말하다	言う	
살다	住む		숙제하다	宿題する	
찾다			시작하다	始める	
웃다	笑う		좋아하다	好きだ	
높다	高い		건강하다	健康だ	
좋다			친절하다	親切だ	
많다	多い		피곤하다	疲れた	
멀다			심심하다	退屈だ	
같다	同じだ		날씬하다	スリムだ	
재미있다	面白い		이상하다	変だ	
맛있다	おいしい		유명하다	有名だ	

*単語を覚えよう!

2 「해요」体の現在形から基本形を考えてみよう。

「해요」体		基本形	「해요」体		基本形
먹어요	食べる		노래해요	歌う	
받아요	もらう		요리해요	料理する	
입어요	着る		싫어해요	嫌う	
열어요	開ける		빨래해요	洗濯する	
울어요	泣く		운동해요	運動する	
넓어요	広い		필요해요	必要だ	
좁아요	狭い		편리해요	便利だ	
밝아요	明るい		조용해요	静かだ	
적어요	少ない		따뜻해요	あたたかい	
맛없어요	まずい		시원해요	涼しい	

	語幹＋語尾の縮約	基本形	意味	語幹	語尾	「해요」体
①	ㅎㅏ + 아요 = ㅎㅏ요	가다	行く	가	아요	**가요**
②	ㅎㅓ + 어요 = ㅎㅓ요	서다	立つ	서	어요	**서요**
③	ㅎㅗ + 아요 = ㅎㅘ요	보다	見る	보	아요	**봐요**
④	ㅎㅜ + 어요 = ㅎㅝ요	배우다	学ぶ	배우	어요	**배워요**
⑤	ㅎㅣ + 어요 = ㅎㅕ요	마시다	飲む	마시	어요	**마셔요**
⑥	ㅎㅐ + 어요 = ㅎㅐ요	보내다	送る	보내	어요	**보내요**
⑦	ㅎㅔ + 어요 = ㅎㅔ요	세다	数える	세	어요	**세요**
⑧	ㅎㅕ + 어요 = ㅎㅕ요	켜다	点ける	켜	어요	**켜요**
⑨	ㅎㅚ + 어요 = ㅎㅙ요	되다	なる	되	어요	**돼요**
ㅡ 脱落	ㅡ + 어요 = ㅎㅓ요 （ㅏ，ㅗ）ㅎ + 아요 = ㅎㅏ요 （ㅏ，ㅗ以外）ㅎ + 어요 = ㅎㅓ요	쓰다 바쁘다 슬프다	書く 忙しい 悲しい	쓰 바쁘 슬프	어요 아요 어요	**써요** **바빠요** **슬퍼요**

＊「語幹＋語尾の縮約」における子音「ㅎ」は任意の子音である。

13-3   안 （ない／くない）   否定形

★Point	用言の前に置かれ、否定を表す副詞。

안＋用言	動詞＋ない・形容詞＋くない

	안＋動詞			안＋形容詞	
가다 行く	안 갑니다 / 가요 行きません。		싸다 安い	안 쌉니다 / 싸요 安くありません。	
먹다 食べる	안 먹습니다 / 먹어요 食べません。		좋다 良い	안 좋습니다 / 좋아요 良くありません。	
놀다 遊ぶ	안 놉니다 / 놀아요 遊びません。		멀다 遠い	안 멉니다 / 멀어요 遠くありません。	
공부하다 勉強する	공부 안 합니다 / 해요 勉強しません		친절하다 親切だ	안 친절합니다 / 친절해요 親切ではありません	

☞「名詞＋하다」動詞は、名詞の後、「하다」の直前に「안」が置かれることに注意。また하다形容詞との違いにも注意すること。なお、하다動詞でも、「名詞＋하다」の構成ではない場合は、形容詞と同様に、「안」は動詞全体の前に置かれる。

例 좋아해요 → 안 좋아해요

13-4   よく使う接続副詞

그리고	그래서	그러면 （그럼）	그런데 （근데）	그러니까 （그니까）
そして・それから	それで	それでは・では	ところで・でも	だから

1 「해요」体の現在形を作ってみよう。発音しながら書くこと。

用言		「해요」体	用言		「해요」体
오다	来る		서다	立つ	
사다	買う		보다		
자다	寝る		만나다	会う	
주다	あげる		가르치다	教える	
끄다	消す		배우다	学ぶ	
기다리다	待つ		지내다	過ごす	
크다	大きい		비싸다	高い	
짜다	塩辛い		싸다	安い	
쓰다	苦い		배고프다	お腹空く	
기쁘다	嬉しい		나쁘다	悪い	

＊「으脱落」に注意。単語を覚えよう！

2 보기のように、「해요」体の否定文を作ってみよう。　　　　　♪ **70**

보기	도서관에 가다 図書館に行く　→　도서관에 **안** 가요.

(1) 중국어를 배우다 中国語を学ぶ _____

(2) 점원이 친절하다 店員が親切だ _____

(3) 피아노를 치다 ピアノを弾く _____

(4) 약이 쓰다 薬が苦い _____

(5) 지금 슬프다 今悲しい _____

3 보기のように、質問に答えてみよう。　　　　　♪ **71**

보기	영화관 {映画館} 에 자주 가요? (가끔) → 아뇨, 자주 **안** 가요. **가끔 가요.**

(1) 김치 (キムチ) 를 많이 먹어요? (조금)

_____

(2) 늘 치마 (スカート) 를 입어요? (때때로)

_____

(3) 항상 일 (仕事) 이 바빠요? (가끔)

_____

71

第13課　会話

가: 유미 씨는 취미가 뭐예요?

나: 저는 영화를 좋아해요.

가: 무슨 영화를 좋아해요?

나: 액션하고 코미디를 좋아해요.

가: 그래요? 그럼 공포 영화는 어때요?

나: 공포 영화는 별로 안 좋아해요.

가: 영화(는) 자주 보러 가요?

나: 아뇨, 늘 일이 바빠요. 그래서 가끔 보러 가요.

음악감상 [音楽鑑賞]	클래식 (クラシック)	가요 {歌謡}	팝송 (ポップソング)	재즈 (ジャズ)	록 (ロック)
영화감상 [映画鑑賞]	드라마 (ドラマ)	액션 (アクション)	코미디 (コメディ)	공포 (ホラー)	공상과학 (SF)
독서 {読書}	소설 {小説}	수필 (エッセイ)	시 {詩}	만화 (マンガ)	잡지 {雑誌}
운동 {運動}	볼링 (ボーリング)	골프 (ゴルフ)	테니스 (テニス)	배드민턴 (バドミントン)	태권도 (テコンドー)
	축구 (サッカー)	야구 {野球}	농구 (バスケットボール)	배구 (バレーボール)	수영 (水泳)
요리 {料理}	불고기 (焼き肉)	국밥 (クッパ)	육회 (ユッケ)	비빔밥 (ビビンバ)	김밥 (海苔巻き)
	냉면 {冷麺}	짜장면 (ジャージャー麺)	삼계탕 {参鶏湯}	잡채 (チャプチェ)	전 (チヂミ)
악기 연주 [楽器演奏]	피아노 (ピアノ)	기타 (ギター)	드럼 (ドラム)	플루트 (フルート)	바이올린 (バイオリン)

바둑 (囲碁)	그림그리기 (絵を描くこと)	노래부르기 (歌を歌うこと)	사진찍기 (写真を撮ること)	여행 {旅行}
서예 (書道)	낚시 (釣り)	꽃꽂이 (生け花)	등산 (ハイキング)	드라이브 (ドライブ)

얼마예요?

いくらですか。

74

14-1 固有数詞

⭐Point	日本語の「一つ、二つ、三つ、…」に当たる、固有語の数字。								
1	2	3	4	5	6	7	8	9	10
하나 (한)	둘 (두)	셋 (세)	넷 (네)	다섯	여섯	일곱	여덟	아홉	열
11	12	13	14	15	16	17	18	19	20
열하나	열둘	열셋	열넷	열다섯	열여섯	열일곱	열여덟	열아홉	스물 (스무)
30	40	50	60	70	80	90	100	1000	10000
서른	마흔	쉰	예순	일흔	여든	아흔	백	천	만

☞ 連音化や流音化、濃音化などに注意。例 열일곱 / 여릴곱 /, 열넷 / 열렏 /
☞ 「하나」「둘」「셋」「넷」「스물」は、単位名詞が接続するとそれぞれ「한 (개 個)」「두 (마리 匹)」「세 (시 時)」
　「네 (권 冊)」「스무 (살 才)」になる。

14-2 単位名詞（助数詞）

固有数詞（한 , 두 , 세 , 네 , …）を取る単位名詞							
개	個	명	名	권	冊	장	枚
살	才	마리	匹・頭	잔	杯	컵	カップ
시	時	시간	時間	달	月（ツキ）	병	本（瓶）
벌	着	대	台	번	回	송이	輪
채	軒	접시	皿	그릇	膳	다발	束
통	通	가지	種類	번째	番目	켤레	足

漢数詞（일 , 이 , 삼 , 사 , …）を取る単位名詞							
원	ウォン	번	番	층	階	인분	人前
분	分	초	秒	박	泊	도	度
년	年	월	月（ガツ）	일	日	쪽	頁

練習問題 연습문제

1 次の数字を固有数詞のハングルで書いてみよう。

(1) 9 _____   (2) 10 _____

(3) 12 _____   (4) 26 _____

(5) 49 _____   (6) 53 _____

(7) 65 _____   (8) 77 _____

(9) 186 _____   (10) 291 _____

2 보기のように、適切な数と単位名詞を使って表現してみよう。　♪ **75**

보기

개 (犬) (5)　→　개 다섯 마리

(1) 학생 {学生} (4) _____

(2) 자전거 (自転車) (1) _____

(3) 집 (家) (2) _____

(4) 종이 (紙) (30) _____

(5) 맥주 (ビール) (10) _____

(6) 사전 (辞書) (3) _____

(7) 기온 {気温} (27) _____

(8) 당첨 번호 (当選番号) (3) _____

(9) 냉면 {冷麺} (1) (人前) _____

(10) 교과서 {教科書} (76) (ページ) _____

(11) 빌딩 높이 (ビルの高さ) (63) _____

(12) 여행 기간 {旅行期間} (3, 4) _____

14-3	로 / 으로 （で）

⭐Point	名詞の後に付いて、手段、道具、材料、方法、経路、方向などを表す助詞。

母音終わりの名詞＋로
子音終わりの名詞＋으로　　　　　　　　**名詞＋で**
ㄹ名詞＋로

母音終わりの名詞＋로		子音終わりの名詞＋으로		ㄹ名詞＋로	
버스＋로 バス＋で	버스로	책＋으로 本＋で	책으로	연필＋로 鉛筆＋で	연필로

☞「이것으로 / 그것으로 / 저것으로」は「이걸로 / 그걸로 / 저걸로」に縮約される。p.83 参考。

14-4	세요 / 으세요 （れる・られる）	「해요」体の尊敬形

⭐Point	「시 / 으시」が「어요」と結合した、「해요」体の尊敬形。

母音語幹＋세요
子音語幹＋으세요　　　　　　　　**用言＋れる・られる等**
ㄹ語幹（ㄹ脱落）＋세요

☞「합니다」体の尊敬語における「십니다 / 으십니다」の付け方と同じ。

母音語幹＋세요				子音語幹＋으세요			
가다 行く	가	세요	가세요 行かれます	읽다 読む	읽	으세요	읽으세요 読まれます
하다 する	하	세요	하세요 されます	높다 高い	높	으세요	높으세요 お高いです

☞「세요 / 으세요」は、「시 + 어요 / 으시 + 어요」が縮約した形。縮約のルールに従えば、「셔요 / 으셔요」になるところであるが、習慣的に「세요 / 으세요」と発音されてきたことから、どちらも標準語。「세요 / 으세요」の使用頻度が高いので、本書ではこちらを学習する。
☞「셔 / 으셔」は文末形や連用形として使えるが、「세 / 으세」は使えない。

ㄹ語幹（ㄹ脱落）＋세요							
살다 住む	사	세요	사세요 お住まいです	멀다 遠い	머	세요	머세요 遠うございます

14-5	連用形の「아 / 어 / 여」と補助詞の「요」

　「해요」体から最後の「요」を取り除くと、連用形（～て）になる。練習問題で用法を確認しよう。補助詞の「요」は丁寧さを表すもので、日本語の「ですね」のように、文の様々なところに付くことができる。㋮ 저는요, 내일요, 백화점에요, 옷을 사러 가요.

練習問題 연습문제

1 「합니다」体と「해요」体の普通形と尊敬形を書いてみよう。

用言		普通形 ㅂ니다 / 습니다	尊敬形 십니다 / 으십니다	普通形 아요 / 어요 / 여요	尊敬形 세요 / 으세요
가다	行く				
먹다	**食べる**				
하다	する				
읽다	読む				
사다	買う				
입다	着る				
오다	来る				
있다	**いる**				
쓰다	書く				
자다	**寝る**				
기다리다	待つ				
알다	知る				
살다	住む				
멀다	遠い				
길다	長い				

* 変則用言と特殊な尊敬形に注意すること。

2 보기のように、丁寧な命令（依頼）を表現してみよう。　♪ **76**

> **보기**　　앉다 (座る) , 주다 (くれる) → 앉아 주세요. (座ってください)

(1) 읽다 , 보다 → _____ （読んでみてください）

(2) 전화하다 , 보다 → _____ （電話してみてください）

(3) 입다 , 보다 → _____ （着てみてください）

(4) 드시다 , 보다 → _____ （召し上がってみてください）

(5) 가르치다 , 주다 → _____ （教えてください）

(6) 말하다 , 주다 → _____ （言ってください）

(7) 계산하다 , 주다 → _____ （お勘定お願いします）

(8) 믿다 , 주다 → _____ （信じてください）

가 : 어서 오세요. 뭘 찾으세요?

나 : 치마 있어요?

가 : 네. 이쪽에 있어요. 사이즈가 어떻게 되세요?

나 : 55 사이즈요.

가 : 이거 어떠세요? 한번 입어 보세요.

나 : (試着後) 이걸로 주세요. 얼마예요?

가 : 감사합니다. 십오 만원입니다.

나 : 카드로 계산해 주세요.

크다 (大きい) 작다 (小さい)	재미있다 (面白い) 재미없다 (つまらない)	예쁘다 (きれいだ) 귀엽다 (可愛い)
좋다 (良い) 나쁘다 (悪い)	맛있다 (おいしい) 맛없다 (まずい)	많다 (多い) 적다 (少ない)
어렵다 (難しい) 쉽다 (簡単だ)	건강하다 (健康だ) 행복하다 (幸せだ)	멀다 (遠い) 가깝다 (近い)
비싸다 (高い) 싸다 (安い)	길다 (長い) 짧다 (短い)	춥다 (寒い) 덥다 (暑い)
중요하다 (重要だ) 멋있다 (カッコいい)	무겁다 (重い) 가볍다 (軽い)	뜨겁다 (熱い) 차갑다 (冷たい)
높다 (高い) 낮다 (低い)	같다 (同じだ) 다르다 (異なる)	빠르다 (速い) 느리다 (遅い)
세다 (強い) 약하다 (弱い)	따뜻하다 (暖かい) 시원하다 (涼しい)	넓다 (広い) 좁다 (狭い)
맵다 (辛い) 달다 (甘い)	편리하다 (便利だ) 불편하다 (不便だ)	필요하다 (必要だ) 필요없다 (必要ない)
짜다 (塩辛い) 쓰다 (苦い)	조용하다 (静かだ) 시끄럽다 (うるさい)	밝다 (明るい) 어둡다 (暗い)

몇 시에 왔어요?

何時に来ましたか。

| 15-1 | 았 / 었 / 였 （た） | 過去形 |

| ★Point | 語幹などに付いて、過去を表す先語末語尾。 |

語幹末の母音が ├ か ⊥ の語幹＋았
語幹末の母音が ├ や ⊥ 以外の語幹＋었   用言＋た
하다用言の語幹하＋였

文体を表す終結語尾と一緒になったときの形 「았 / 었 / 였」は、先語末語尾なので、文を終結するためにはこれらの後に語尾を付けなければならない。「합니다」体なら「습니다」が、「해요」体なら「어요」が付いて、それぞれ「았습니다 / 었습니다 / 였습니다」「았어요 / 었어요 / 였어요」となる。

語幹末の母音が ├ か ⊥ の語幹＋았						
찾다 探す	찾	았	찾았 -	좋다 良い	좋	았	좋았 -
작다 小さい	작	았	작았 -	놀다 遊ぶ	놀	았	놀았 -
語幹末の母音が ├ や ⊥ 以外の語幹＋었						
먹다 食べる	먹	었	먹었 -	있다 ある	있	었	있었 -
깊다 深い	깊	었	깊었 -	멀다 遠い	멀	었	멀었 -

☞ 付く位置は違うが、作り方は「해요」体の現在形と同様。
☞ 以上は子音語幹の用言の例である。母音語幹用言の場合、過去形を作る際、語幹末の母音と語尾「았 / 었」とが縮約し、形が変わる。

하다用言の語幹하＋였 ＝ 했						
공부하다 勉強する	공부하	였	공부했 -	운동하다 運動する	운동하	였	운동했 -
중요하다 重要だ	중요하	였	중요했 -	행복하다 幸せだ	행복하	였	행복했 -

☞「하 + 였 -」は、「했 -」に縮約する。「합니다」体なら「했습니다」（しました）、「해요」体なら「했어요」（しました）になる。

① 「합니다」体と「해요」体の過去形を、発音しながら書いてみよう。

用言		過去形	用言		過去形
읽다		/	공부하다		/
앉다	座る	/	일하다	働く	/
닫다	閉める	/	말하다	言う	/
살다	住む	/	숙제하다	宿題する	/
찾다		/	시작하다	始める	/
웃다	笑う	/	좋아하다	好きだ	/
높다	高い	/	건강하다	健康だ	/
좋다		/	친절하다	親切だ	/
많다	多い	/	피곤하다	疲れた	/
멀다		/	심심하다	退屈だ	/
같다	同じだ	/	날씬하다	スリムだ	/
재미있다	面白い	/	이상하다	変だ	/
맛있다	おいしい	/	유명하다	有名だ	/

＊単語を覚えよう！

② 過去形から基本形を考えてみよう。

過去形		基本形	過去形		基本形
먹었어요	食べる		노래했어요	歌う	
받았어요	もらう		요리했어요	料理する	
입었어요	着る		싫어했어요	嫌う	
열었어요	開ける		빨래했어요	洗濯する	
울었어요	泣く		운동했어요	運動する	
넓었어요	広い		필요했어요	必要だ	
좁았어요	狭い		편리했어요	便利だ	
밝았어요	明るい		조용했어요	静かだ	
적었어요	少ない		따뜻했어요	あたたかい	
맛없었어요	まずい		시원했어요	涼しい	

過去形における母音語幹用言の縮約形と変則用言

	語幹＋語尾の縮約	基本形	意味	語幹	語尾	過去形
①	㉮ + 았 = ㉬	가다	行く	가	았	갔 -
②	㉯ + 었 = ㉰	서다	立つ	서	었	섰 -
③	㉱ + 았 = ㉲	보다	見る	보	았	봤 -
④	㉳ + 었 = ㉴	배우다	学ぶ	배우	었	배웠 -
⑤	㉵ + 었 = ㉶	마시다	飲む	마시	었	마셨 -
⑥	㉷ + 었 = ㉸	보내다	送る	보내	었	보냈 -
⑦	㉹ + 었 = ㉺	세다	数える	세	었	셌 -
⑧	㉻ + 었 = ㉼	켜다	点ける	켜	었	켰 -
⑨	㉽ + 었 = ㉾	되다	なる	되	었	됐 -
으 脱落	㉿ + 었 = ㊀ (ㅏ, ㅗ) ㊁ + 았 = ㊂ (ㅏ, ㅗ以外) ㊃ + 었 = ㊄	쓰다 바쁘다 슬프다	書く 忙しい 悲しい	쓰 바쁘 슬프	었 았 었	썼 - 바빴 - 슬펐 -

＊「語幹＋語尾の縮約」における子音「㉮」は任意の子音である。

시 / 분（時／分） 時間の言い方

⭐Point	時と分で数字の種類が異なるのに要注意。

한, 두, 세, 네, 다섯, 여섯, …	시	일, 이, 삼, 사, 오, 육, …	분
固有数詞	時	漢数詞	分

時間	한글	時間	한글
01:15	한 시 십오 분	02:30	두 시 삼십 분 두 시 반
03:48		04:22	
05:55	다섯 시 오십오 분 여섯 시 오 분 전	06:23	여섯 시 이십 삼 분
07:08		08:34	여덟 시 삼십사 분
09:10 ～ 10:00	아홉 시 십 분부터 열 시까지	10:00 ～ 11:20	
11:45		12:50	열두 시 오십 분
15:00 ～ 18:30	세 시간 반	19:00 ～ 20:40	

＊ 空いているところに時間を書き入れてみよう。

☞ 時間表現には助詞の「에」が付く。 例 일곱 시 반에 도착했어요．7 時半に着きました。

☞ 時間を聞くときは、「몇 시」(何時)、「얼마나」(どれくらい（かかる）) などを使う。

・変則用言

変則	基本形	意味	現在形		過去形	
			「합니다」体	「해요」体	「합니다」体	「해요」体
으 脱落	쓰다	書く / 苦い	씁니다	써요	썼습니다	썼어요
	기쁘다	嬉しい	기쁩니다	기뻐요	기뻤습니다	기뻤어요
ㅅ 変則	낫다	治る / ました	낫습니다	나아요	나았습니다	나았어요
	짓다	建てる / 作る	짓습니다	지어요	지었습니다	지었어요
ㄷ 変則	듣다	聞く	듣습니다	들어요	들었습니다	들었어요
	걷다	歩く	걷습니다	걸어요	걸었습니다	걸었어요
ㅂ 変則	춥다	寒い	춥습니다	추워요	추웠습니다	추웠어요
	맵다	辛い	맵습니다	매워요	매웠습니다	매웠어요
ㅎ 変則	그렇다	そうだ	그렇습니다	그래요	그랬습니다	그랬어요
	어떻다	どうだ	어떻습니까	어때요	어땠습니까	어땠어요
ㄹ 変則	다르다	異なる	다릅니다	달라요	달랐습니다	달랐어요
	모르다	知らない	모릅니다	몰라요	몰랐습니다	몰랐어요
러変則	푸르다	青い	푸릅니다	푸르러요	푸르렀습니다	푸르렀어요
하変則	하다	する / やる	합니다	해요	했습니다	했어요

・助詞の縮約

助詞	이것 （これ）	그것 （それ）	저것 （あれ）	무엇 （何）
가 / 이	이것이 → 이게	그것이 → 그게	저것이 → 저게	무엇이 → 뭐가
는 / 은	이것은 → 이건	그것은 → 그건	저것은 → 저건	✕
를 / 을	이것을 → 이걸	그것을 → 그걸	저것을 → 저걸	무엇을 → 뭘
로 / 으로	이것으로 → 이걸로	그것으로 → 그걸로	저것으로 → 저걸로	무엇으로 → 뭘로

15-4	아서 / 어서 / 여서 （て・で、ので）

<table>
<tr><td>⭐Point</td><td colspan="7">語幹に付いて、時間関係、理由・根拠、手段・方法などを表す連結語尾。</td></tr>
<tr><td colspan="5">語幹末の母音が ㅏ か ㅗ の語幹＋아서
語幹末の母音が ㅏ や ㅗ 以外の語幹＋어서
하다用言の語幹하＋여서</td><td colspan="3">用言＋て</td></tr>
</table>

語幹末の母音が ㅏ か ㅗ の語幹＋아서							
찾다 探す	찾	아서	찾아서 探して	좋다 良い	좋	아서	좋아서 良くて
語幹末の母音が ㅏ や ㅗ 以外の語幹＋어서							
먹다 食べる	먹	어서	먹어서 食べて	있다 ある	있	어서	있어서 あって
하다用言の語幹하＋여서 ＝ 해서							
공부하다 勉強する	공부하	여서	공부해서 勉強して	행복하다 幸せだ	행복하	여서	행복해서 幸せで

15-5	못 （できない）	不可能形

<table>
<tr><td>⭐Point</td><td colspan="4">動詞の前に置かれ、不可能を表す副詞。</td></tr>
<tr><td colspan="2" align="center">못＋動詞</td><td colspan="3" align="center">動詞＋できない</td></tr>
</table>

못＋動詞			
가다 行く	못 갑니다 / 가요 行けません	먹다 食べる	못 먹습니다 / 먹어요 食べられません
살다 住む	못 삽니다 / 살아요 住めません	공부하다 勉強する	공부 못 합니다 / 해요 勉強できません

☞「못」は動詞としか共起しない。「名詞하다」動詞の不可能形に注意する。

尊敬形の過去形	尊敬形と過去形が結合すると「尊敬＋過去」の順番になる（されました）。

動詞語幹	尊敬形	過去形	文体	形態	意味
보 （다）	시	었	습니다	**보셨습니다**	見られました
읽 （다）	으시	었	어요	**읽으셨어요**	読まれました

練習問題 연습문제

1 母音語幹＋「**아서 / 어서 / 여서**」の縮約形と変則用言を書いてみよう。

	語幹＋語尾の縮約	基本形	意味	語幹	語尾	縮約形
①	子ㅏ ＋ 아서 ＝ 子ㅏ서	가다		가	아서	
②	子ㅓ ＋ 어서 ＝ 子ㅓ서	서다		서	어서	
③	子ㅗ ＋ 아서 ＝ 子ㅘ서	보다		보	아서	
④	子ㅜ ＋ 어서 ＝ 子ㅝ서	배우다		배우	어서	
⑤	子ㅣ ＋ 어서 ＝ 子ㅕ서	마시다		마시	어서	
⑥	子ㅐ ＋ 어서 ＝ 子ㅐ서	보내다		보내	어서	
⑦	子ㅔ ＋ 어서 ＝ 子ㅔ서	세다		세	어서	
⑧	子ㅕ ＋ 어서 ＝ 子ㅕ서	켜다		켜	어서	
⑨	子ㅚ ＋ 어서 ＝ 子ㅙ서	되다		되	어서	
ㅡ 脱落	子ㅡ ＋ 어서 ＝ 子ㅓ서 （ㅏ，ㅗ）子ㅡ ＋ 아서 ＝ 子ㅏ서 （ㅏ，ㅗ以外）子ㅡ ＋ 어서 ＝ 子ㅓ서	쓰다 바쁘다 슬프다		쓰 바쁘 슬프	어서 아서 어서	

＊「語幹＋語尾の縮約」における子音「子」は任意の子音である。

2 보기のように、質問に答えてみよう。

> **보기**　왜（なぜ） 스터디에 안 왔어요? （어머니가 오시다）
> → 어머니가 오셔서 못 갔어요. （お母さんが来られたので、行けませんでした）

(1) 왜 밥을 다 안 먹었어요? （너무 많다）
　→ _____

(2) 왜 옷을 안 샀어요? （너무 비싸다）
　→ _____

(3) 왜 영화를 안 봤어요? （시간이 없다）
　→ _____

(4) 주말에 왜 전화 안 했어요? （좀 바쁘다）
　→ _____

(5) 어제 왜 학교에 안 왔어요? （몸이 아프다）
　→ _____

(6) 치마를 왜 안 입었어요? （사이즈가 작다）
　→ _____

＊「아서 / 어서 / 여서」の前に過去形が来ることはできない。

第15課　会話

가: 다나카 씨, 지난주 한국어 스터디에 왜 안 왔어요?

나: 아, 일이 좀 있어서 못 갔어요. 뒤풀이는 갔어요.

가: 몇 시에 왔어요?

나: 일곱 시 반에 도착했어요.

가: 저는 부산에서 어머니가 오셔서 일찍 집에 갔어요.

나: 아, 그래요? 부산에 제 친구가 있어요.
　　서울에서 부산까지 얼마나 걸려요?

가: KTX로 두 시간 사십 분쯤 걸려요.

나: 우리 다음에 부산에 같이 가요.

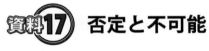

・否定

基本形	意味	現在形 (「해요」体)		過去形 (「해요」体)	
		「지 않」否定	「안」否定	「지 않」否定	「안」否定
가다	行く	가지 않아요	안 가요	가지 않았어요	안 갔어요
오다	来る	오지 않아요	안 와요	오지 않았어요	안 왔어요
먹다	食べる	먹지 않아요	안 먹어요	먹지 않았어요	안 먹었어요
읽다	読む	읽지 않아요	안 읽어요	읽지 않았어요	안 읽었어요
쓰다	書く	쓰지 않아요	안 써요	쓰지 않았어요	안 썼어요
짓다	作る	짓지 않아요	안 지어요	짓지 않았어요	안 지었어요
듣다	聞く	듣지 않아요	안 들어요	듣지 않았어요	안 들었어요
춥다	寒い	춥지 않아요	안 추워요	춥지 않았어요	안 추웠어요
그렇다	そうだ	그렇지 않아요	안 그래요	그렇지 않았어요	안 그랬어요
다르다	違う	다르지 않아요	안 달라요	다르지 않았어요	안 달랐어요
푸르다	青い	푸르지 않아요	안 푸르러요	푸르지 않았어요	안 푸르렀어요
하다	する	하지 않아요	안 해요	하지 않았어요	안 했어요

・不可能

基本形	意味	現在形 (「해요」体)		過去形 (「해요」体)	
		「지 못하」不可能	「못」不可能	「지 못하」不可能	「못」不可能
가다	行く	가지 못해요	못 가요	가지 못했어요	못 갔어요
오다	来る	오지 못해요	못 와요	오지 못했어요	못 왔어요
먹다	食べる	먹지 못해요	못 먹어요	먹지 못했어요	못 먹었어요
읽다	読む	읽지 못해요	못 읽어요	읽지 못했어요	못 읽었어요
쓰다	書く	쓰지 못해요	못 써요	쓰지 못했어요	못 썼어요
짓다	作る	짓지 못해요	못 지어요	짓지 못했어요	못 지었어요
듣다	聞く	듣지 못해요	못 들어요	듣지 못했어요	못 들었어요
부르다	歌う	부르지 못해요	못 불러요	부르지 못했어요	못 불렀어요
하다	する	하지 못해요	못 해요	하지 못했어요	못 했어요

付録1　ハングル文字を入力してみよう

1. ハングルキーボードの配列

2. スマートフォンのハングル入力

※スマートフォンのハングル入力は、母音の創造原理を生かした「天・地・人」方式が多いです。
最上行の「｜」「・」「ー」で全ての母音が入力できます。
（例）「한글」と打ちたい場合、入力は、「ㅎ＋｜＋・＋ㄴ＋ㄱ＋ー＋ㄹ」の順。

付録 2　韓国語検定試験のすすめ

1. 韓国語能力試験（TOPIK）*

（1）概要：大韓民国政府（教育省）が認定・実施する唯一の韓国語（ハングル）試験。韓国語（ハングル）の教育評価を標準化し、韓国語（ハングル）を母語としない韓国語学習者に学習方法を提示するとともに、韓国語の普及や、試験結果の学習・留学・就職等への活用などを目的に、世界70カ国以上で一斉に実施されています。（韓国教育財団 HP より）

（2）級の選択：TOPIK Ⅰ（初級）・TOPIK Ⅱ（中級・上級）の2つから選択。取得した点数により数字の級で評価。合格点（TOPIK Ⅰの場合、80点以上で1級、140点以上で2級）に満たない場合は、不合格。

（3）級別の認定基準

TOPIK Ⅰ （初級）	1 級	自己紹介、買い物、飲食店での注文など生活に必要な基礎的な言語を駆使でき、身近な話題の内容を理解、表現できる。約800語程度の基礎的な語彙と基本文法を理解でき、簡単な文章を作れる。
	2 級	電話やお願い程度の日常生活に必要な言語や、郵便局、銀行などの公共機関での会話ができる。1,500〜2,000語程度の語彙を用いた文章を理解でき、使用できる。
TOPIK Ⅱ （中級・上級）	3 級	日常生活を問題なく過ごせ、様々な公共施設の利用や社会的関係を維持するための言語使用が可能。文章語と口語の基本的な特性を区分し理解、使用が可能。
	4 級	公共施設の利用や社会的関係の維持に必要な言語機能を遂行することができ、一般的な業務に必要な機能を実行可能。ニュースや新聞をある程度理解でき、一般業務に必要な言語が使用可能。よく使われる慣用句や代表的な韓国文化に対する理解をもとに社会・文化的な内容の文章を理解でき、使用可能。
	5 級	専門分野においての研究や業務に必要な言語をある程度理解と使用ができ、政治・経済・社会・文化などの全般に渡った身近なテーマについて理解し、使用可能。公式的、非公式的且つ口語、文語的な脈絡に関する言語を適切に区分し、使用可能。
	6 級	専門分野における研究や業務遂行に必要な言語機能を比較的正確に、流暢に使用でき、政治・経済・社会・文化などの全般的なテーマにおいて身近でないテーマに対しても不便なく使用可能。ネイティブ程度までではないが、自己表現を問題なく話すことが可能。

（4）問題の種類及び配点

	時間	領域	形式	問題数	配点	配点総計
TOPIK Ⅰ （1〜2級）	1時間目	聞取り（40分）	四択	30	100	200
		読　解（60分）	四択	40	100	
TOPIK Ⅱ （3〜6級）	1時間目	聞取り（60分）	四択	50	100	300
		筆　記（50分）	記述式	4	100	
	2時間目	読　解（70分）	四択	50	100	

※上記表は目安
※ TOPIK Ⅱの筆記は、中級レベルは200〜300文字程度の説明文、上級レベルは600〜700文字程度の論述文

（5）時期と会場：韓国では年に4回（1月・4月・5月・7月・10月・11月）、日本など海外では年に2回（4月・7月・10月）実施。日本全国に試験会場があります。

（6）試験時間

		入室時間	開始	終了
TOPIK Ⅰ（初級）		9:30	10:00	11:40
TOPIK Ⅱ （中級・上級）	1時間目	12:30	13:00	14:50
	2時間目	15:10	15:20	16:30

（7）申し込み：願書郵送と HP から申し込みできます。

（8）成績発表：成績表を発送。韓国の国立国際教育院のホームページ（http://www.topik.go.kr/）でも確認できます。

＊2014年下半期から変更された内容です。

詳細はホームページで確認！　公益財団法人　韓国教育財団　http://www.kref.or.jp/

2. ハングル能力検定試験

（1）「ハングル」能力検定試験は、日本で初めての韓国・朝鮮語検定試験として 1993 年に第 1 回実施。日本で「ハングル」を普及し、日本語母語話者の「ハングル」学習到達度に公平・公正な社会的評価を与え、南北のハングル表記の統一に貢献するという 3 つの理念で、ハングル能力検定協会が実施する検定試験。日本語母語話者が「ハングル」を習得し、日本語での自然な対訳までを出題範囲とする点が特徴。（ハングル能力検定協会 HP より抜粋）

（2）級の選択：5 級、4 級、3 級、準 2 級、2 級、1 級の 6 レベルから選択。

（3）級別レベル

5 級	60 分授業を 40 回受講した程度。韓国・朝鮮語を習い始めた初歩の段階で、基礎的な韓国・朝鮮語をある程度理解し、それらを用いて表現できる。
4 級	60 分授業を 80 回受講した程度。基礎的な韓国・朝鮮語を理解し、それらを用いて表現できる。
3 級	60 分授業を 160 回受講した程度。日常的な場面で使われる基本的な韓国・朝鮮語を理解し、それらを用いて表現できる。
準 2 級	60 分授業を 240 ～ 300 回受講した程度。日常的な場面で使われる韓国・朝鮮語に加え、より幅広い場面で使われる韓国・朝鮮語をある程度理解し、それらを用いて表現できる。
2 級	幅広い場面で使われる韓国・朝鮮語を理解し、それらを用いて表現できる。
1 級	幅広い場面で用いられる韓国・朝鮮語を十分に理解し、それらを自由自在に用いて表現できる。

（4）問題の種類及び配点

級	領域	配点	時間	満点	合格ライン
5 級	筆記・聞取	60 点・40 点	60 分・30 分	100	60 点以上
4 級	筆記・聞取	60 点・40 点	60 分・30 分	100	60 点以上
3 級	筆記 聞取	60 点（必須得点 24 点） 40 点（必須得点 12 点）	60 分 30 分	100	60 点以上
準 2 級	筆記 聞取	60 点（必須得点 30 点） 40 点（必須得点 12 点）	60 分 30 分	100	70 点以上
2 級	筆記 聞取	60 点（必須得点 30 点） 40 点（必須得点 16 点）	80 分 30 分	100	70 点以上
1 級	筆記 聞取・書取	60 点（必須得点 30 点） 40 点（必須得点 16 点）	80 分 30 分	100	70 点以上

（5）時期と会場：年に 2 回（6 月・11 月）実施。日本全国に試験会場があります。

（6）試験時間

	級	聞きとり試験	筆記試験
午前	2 級	10：30 ～ 11：00	11：00 ～ 12：20
	3 級	10：30 ～ 11：00	11：00 ～ 12：00
	5 級	10：30 ～ 11：00	11：00 ～ 12：00
午後	1 級（1 次試験）	2：00 ～ 2：30 （聞きとり・書きとり）	2：30 ～ 3：50
	準 2 級	2：00 ～ 2：30	2：30 ～ 3：30
	4 級	2：00 ～ 2：30	2：30 ～ 3：30

（7）申し込み：オンラインと郵送で申し込みできます。

（8）成績発表：7 月上旬と 12 月中旬に成績通知表を発送。

詳細はホームページで確認！　ハングル能力検定協会　http://www.hangul.or.jp/

ハングル能力検定試験の問題用紙サンプル（5級） ※第34回のハングル検定試験問題より

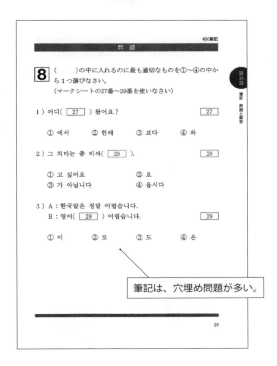

筆記試験問題。大体発音通りの表記問題から始まります。

筆記は、穴埋め問題が多い。

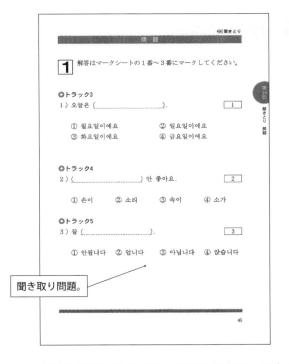

聞き取り問題。

絵を見ながら答える問題は二つ位ある。

Point 5級から準2級までは、設問は日本語。日本人が間違いやすい問題が多いです。

付録3 韓国と日本の歴史年表

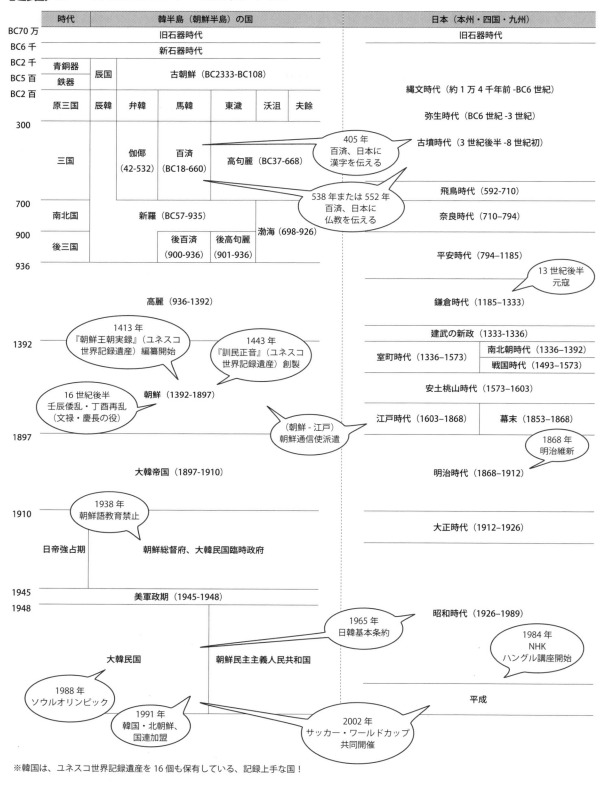

※韓国は、ユネスコ世界記録遺産を16個も保有している、記録上手な国！

韓日単語集

가	が {助詞}	겨드랑이	脇	권 [卷]	冊 {単位}
가구 [家具]	家具	경찰관 [警察官]	警察官	궤도 [軌道]	軌道
가깝다	近い	경찰서 [警察署]	警察署	귀엽다	可愛い
가끔	たまに	계산하다 [計算-]	計算する、勘定する	귓불	耳たぶ
가다	行く	계시다	いらっしゃる {尊敬}	그	その
가랑이	股	고기	肉	그것	それ
가르치다	教える	고등학교 [高等學校]	高校	그래서	それで
가방	鞄	고등학생 [高等學生]	高校生	그러니까	だから
가볍다	軽い	고맙다	ありがたい	그러면	それでは
가수 [歌手]	歌手	고모 [姑母]	おばさん (父の姉・妹)	그런데	ところで
가슴	胸	고양이	猫	그럼	それじゃ
가요 [歌謠]	歌謡	고향 [故鄕]	故郷	그렇다	そうだ
가운데	真ん中	곡 [曲]	曲	그릇	器、膳 {単位}
가지	種類 {単位}	곧	すぐ	그리고	そして、それから
가짜	偽物	골프	ゴルフ	그리다	描く
간 [肝]	肝臓	곰탕 [-湯]	コムタン (料理)	그림	絵
간호사 [看護師]	看護師	공단 [公園]	公団	그쪽	そちら
감독 [監督]	監督	공무원 [公務員]	公務員	극장 [劇場]	映画館、劇場
감사하다 [感謝-]	感謝する	공부하다 [工夫-]	勉強する	근데	ところで
감상 [鑑賞]	鑑賞	공사 [公社]	公社	근육 [筋肉]	筋肉
감자탕	カムジャタン (料理)	공상 [空想]	空想	근처 [近處]	近く
강남 [江南]	カンナム (ソウルの地名)	공연장 [公演場]	イベントホール	금요일 [金曜日]	金曜日
강사 [講師]	講師	공원 [公園]	公園	기관 [器官]	器官
강아지	子犬	공책 [空冊]	ノート	기다리다	待つ
강하다 [强-]	強い	공포 [恐怖]	恐怖、ホラー (映画)	기독탄신일	
같다	同じだ	공항 [空港]	空港	[基督誕辰日]	クリスマス
같이	一緒に	과	と {助詞}	기쁘다	嬉しい
갚다	返す	과자 [菓子]	菓子	기술자 [技術者]	エンジニア
개	犬	과학 [科學]	科学	기업 [企業]	企業
개 (個)	個 {単位}	관자놀이	こめかみ	기역	子音「ㄱ」の名称
개띠	戌年	광대뼈	頬骨	기온 [氣溫]	気温
개발원 [開發院]	開発院	광복절 [光復節]	独立記念日	기자 [記者]	記者
개천절 [開天節]	建国記念日	괜찮다	大丈夫だ	기차 [汽車]	列車
거기	そこ	굉장히 [宏壯-]	とても、甚だしく	기타	ギター
거리	街	교과서 [敎科書]	教科書	기타 [其他]	その他
거실 [居室]	居間	교무실 [敎務室]	(学校の)職員室	길다	長い
거울	鏡	교사 [敎師]	教師	김밥	海苔巻き (料理)
거의	ほとんど	교실 [敎室]	教室	김치	キムチ
건강하다 [健康-]	健康だ	구 [九]	九 {漢}	깊다	深い
건물 [建物]	建物	구두	靴	까지	まで
건축가 [建築家]	建築家	구월 [九月]	九月	까치	カササギ (鳥)
걷다	歩く	구청 [區廳]	区役所	깨	ゴマ
걸리다	かかる (時間)	국민 [國民]	国民	꺼내다	取り出す
검사 [檢事]	検察官	국밥	クッパ (料理)	께	に {助詞}{尊敬}
것	こと、もの	국어 [國語]	国語		「에게」「에게서」
		굳이	しいて、無理に		

93

께서	が {助詞} {尊敬}「가 / 이」	농구 [籠球]	バスケットボール	도	も {助詞}
께서는	は {助詞} {尊敬}「은 / 는」	농부 [農夫]	農夫	도 [度]	度 {単位}
꼬리	しっぽ	높다	高い	도서관 [圖書館]	図書館
꽃	花	놓다	置く	도시 [都市]	都市、都会
꽃꽂이	生け花	누구	誰	도예 [陶藝]	陶芸
꽃집	花屋	누나	姉(弟から)	도착 [到着]	到着
끄다	消す	누님	姉(弟から) {尊敬}	도쿄	東京
끊다	切る(電話、関係)	눈	目	독서 [讀書]	読書
끝	終わり	눈동자 [-瞳子]	瞳	독일 [獨逸]	ドイツ
끝내다	終える	눈썹	眉毛	돌아가시다	亡くなられる {尊敬}
		느리다	遅い	동 [東]	東
ㄴ		는	は {助詞}	동물 [動物]	動物
나	俺、僕、わたし	늘	いつも	동물원 [動物園]	動物園
나라	国	니은	子音「ㄴ」の名称	동생 [同生]	妹、弟 (年下の兄弟)
나무	木	님	さま {尊敬}	동쪽 [東-]	東側
나비	蝶			돼지	豚
나쁘다	悪い	ㄷ		돼지띠	亥年
나오다	出る	다	全て、全部	되게	すごく
나이	年齢	다도 [茶道]	茶道	되다	なる
날	日	다루다	扱う	두 (単位名詞の前で)	二つ {固有}
날씬하다	スリムだ	다르다	違う	두피 [頭皮]	頭皮
남 [南]	南	다리	脚	둘	二つ {固有}
남동생 [男同生]	弟	다발	束 {単位}	뒤	後ろ
남자 [男子]	男子、男性	다섯	五つ {固有}	뒤풀이	打ち上げ (パーティー)
남쪽 [南-]	南側	다시	再び	드디어	いよいよ、とうとう
낫다	マシだ	다음	次	드라마	ドラマ
낫다	治る	다음 주 [- 週]	来週	드라이브	ドライブ
낮다	低い	다정하다 [多情-]	優しい	드럼	ドラム
내리다	降りる	단어 [單語]	単語	드리다	差し上げる {謙譲}
내리다	下ろす	닫다	閉める	드시다	召し上がる {尊敬}
내일 [來日]	明日	달	月 {固有}	듣다	聞く
냉면 [冷麺]	冷麺	달다	甘い	들다	(持ち)上げる
너무	あまりにも~すぎる	닭	鶏	들다	(お金が)かかる
넓다	広い	닭띠	酉年	들다	持つ
넓이	広さ	당신 [當身]	あなた	들어가다	入る
넓적다리	腿	당첨 [當籤]	当選	등	背中
넣다	入れる	대 [臺]	台 {単位}	등산 [登山]	ハイキング
네	はい	대단히	大変に	디귿	子音「ㄷ」の名称
네 (単位名詞の前で)	四つ {固有}	대답하다 [對答-]	答える	디자이너	デザイナー
넷	四つ {固有}	대학교 [大學校]	大学	디자인	デザイン
년 [年]	年	대학교수 [大學教授]	大学教授	따뜻하다	暖かい
노래	歌	대학생 [大學生]	大学生	따르다	従う
노래하다	歌う	댁 [宅]	お宅 {尊敬}	딸	娘
놀다	遊ぶ	더	もっと	때	とき
		더욱	さらに、なおさら	때때로	時々
		덥다	暑い	또	また

뚱뚱하다	デブだ、太っている	며칠	何日、数日	밖	外
뜨겁다	熱い	명 [名]	人{単位}、名{単位}	반 [半]	半
띄어쓰기	分かち書き	몇	いくつ、何（数字の疑問詞）	반갑다	（会えて）嬉しい
띠	干支			반절표 [反切表]	反切表（ハングル表）

ㄹ	

라고	と{助詞}（引用）
라디오	ラジオ
러	に、動作の目的{語尾}
러시아	ロシア
로	で{助詞}（手段・道具）
록	ロック
루머	うわさ
를	を{助詞}
리을	子音「ㄹ」の名称

ㅁ	

마리	頭{単位}
마리	匹{単位}
마시다	飲む
마음	心
마흔	四十{固有}
만 [萬]	万{漢}
만나다	会う
만들다	作る
만화 [漫劃]	漫画
만화책 [漫劃冊]	漫画の本
많다	多い
많이	沢山、とても
맏이	総領
말	馬
말	言葉
말띠	午年
말씀	お言葉{尊敬}
말하다	言う
맛없다	まずい（美味しくない）
맛있다	おいしい
매우	とても
맥주 [麥酒]	ビール
맵다	辛い
머리	頭
머리카락	髪の毛
먹다	食べる
멀다	遠い
멋있다	カッコいい
멜로	メロドラマ

모르다	知らない
모자 [帽子]	帽子
목	首、喉
목요일 [木曜日]	木曜日
목욕하다 [沐浴-]	風呂に入る
몸	体
몸통	胴体
몹시	大変に
못	できない{副詞}（不可能）
무겁다	重い
무궁화 [無窮花]	ムクゲ
무릎	膝
무슨	何の
무엇	何
문 [門]	ドア
문제 [問題]	問題
묻다	尋ねる
물	水
뭐（縮約形）	何
뮤지컬	ミュージカル
미간 [眉間]	眉間
미국 [美國]	アメリカ
미술관 [美術館]	美術館
미안하다 [未安-]	申し訳ない
미용사 [美容師]	美容師
미용실 [美容室]	美容室
미음	子音「ㅁ」の名称
믿다	信じる
밑	下

ㅂ	

ㅂ니다	ですます、「합니다」体{語尾}
바다	海
바닥	床
바둑	囲碁
바보	愚か者
바쁘다	忙しい
바지	ズボン、パンツ
박 [泊]	泊{単位}
박물관 [博物館]	博物館

받다	もらう
받침	パッチム（終声）
발	足
발가락	足の指
발등	足の甲
발라드	バラード
발목	足首
발바닥	足の裏
발음 [發音]	発音
밝다	明るい
밥	ご飯
방 [房]	部屋
방송국 [放送局]	放送局
배	お腹
배고프다	お腹空いた
배구 [排球]	バレーボール
배드민턴	バドミントン
배부르다	満腹だ
배우 [俳優]	俳優
배우다	学ぶ、習う
배터리	バッテリー
백 [百]	百{漢}
백화점 [百貨店]	デパート
뱀	蛇
뱀띠	巳年
버스	バス
번 [番]	回{単位}（固有数詞を取る）
번 [番]	番{単位}（漢数詞をとる）
번역 [飜譯]	翻訳
번째 [番-]	番目{単位}
번호 [番號]	番号
벌	着{単位}
범	虎
범띠	寅年
법원 [法院]	裁判所
법인 [法人]	法人
벗다	脱ぐ
베개	枕
벽 [壁]	壁
변호사 [辯護士]	弁護士

별로	あまり		
병 [瓶]	本 {単位}		
병원 [病院]	病院		
보기	サンプル		
보내다	送る		
보다	見る		
보통 [普通]	普段		
복도 [複道]	廊下		
복사실 [複寫室]	印刷室		
볼링	ボーリング		
볼펜	ボールペン		
뵙다	伺う {尊敬}		
부르다	歌う		
부모 [父母]	両親		
부모님 [父母-]	ご両親 {尊敬}		
부부 [夫婦]	夫婦		
부산 [釜山]	プサン		
부엌	台所		
부자 [富者]	金持ち		
부탁하다 [付託-]	お願いする		
부터	から {助詞} (時間)		
북 [北]	北		
북쪽 [北-]	北側		
분	方 {尊敬}		
분 [分]	分 {単位}		
분필 [粉筆]	チョーク		
불고기	焼肉		
불편하다 [不便-]	不便だ		
붙이다	貼る		
뷔페	ブッフェ		
비누	せっけん		
비빔밥	ビビンバ(料理)		
비서 [秘書]	秘書		
비싸다	(値段が)高い		
비읍	子音「ㅂ」の名称		
빌딩	ビル		
빌리다	借りる		
빠르다	速い		
빨래	洗濯、洗濯物		
빨래하다	洗濯する		
빵	パン		
뺨	頬		
뼈	骨		
뽀뽀	キス		
뿌리	根		

	ㅅ		
사 [四]	四 {漢}		
사과 [沙果]	リンゴ		
사다	買う		
사람	人		
사랑	愛		
사무소 [事務所]	事務所		
사월 [四月]	四月		
사이	間		
사이즈	サイズ		
사장 [社長]	社長		
사전 [事典]	辞書、辞典		
사진 [寫眞]	写真		
사촌 [四寸]	従兄弟、従姉妹		
살	才 {単位}		
살다	住む、生きる、暮らす		
삶	生		
삼 [三]	三 {漢}		
삼계탕 [蔘鷄湯]	サムゲタン(参鷄湯)		
삼월 [三月]	三月		
삼일절 [三一節]	独立運動記念日		
삼촌 [三寸]	おじさん(父の未婚の弟)		
상체 [上體]	上半身		
상품 [商品]	商品		
새	鳥		
새우	海老		
생신 [生辰]	お誕生日 {尊敬}		
생일 [生日]	誕生日		
샤프	シャープペンシル		
서 [西]	西		
서다	立つ		
서른	三十 {固有}		
서예 [書藝]	書道		
서울	ソウル		
서재 [書齋]	書斎		
서점 [書店]	書店		
서쪽 [西-]	西側		
석가탄신일 [釋迦誕辰日]	釈迦誕辰日		
선물 [膳物]	プレゼント		
선생님 [先生-]	先生		
선수 [選手]	選手		
설날	正月		
성함 [姓銜]	ご尊名 {尊敬}		
세 (単位名詞の前で)	三つ {固有}		

세계 [世界]	世界		
세계지도 [世界地圖]	世界地図		
세다	数える		
세다	強い		
세무서 [稅務署]	税務署		
세탁소 [洗濯所]	クリーニング屋		
센터	センター		
셋	三つ {固有}		
소	牛		
소녀 [少女]	少女		
소띠	丑年		
소방관 [消防官]	消防士		
소방서 [消防署]	消防署		
소설 [小説]	小説		
소파	ソファ		
속	裏、中		
속눈썹	まつ毛		
손	手		
손가락	手の指		
손등	手の甲		
손목	手首		
손바닥	掌		
손수건 [-手巾]	ハンカチ		
송이	本、輪 {単位}		
쇼핑	ショッピング		
쇼핑하다	ショッピングする		
수고	苦労		
수고하다	苦労する		
수도 [首都]	首都		
수영 [水泳]	水泳		
수영장 [水泳場]	プール		
수요일 [水曜日]	水曜日		
수첩 [手帖]	手帳		
수필 [隨筆]	エッセイ		
숙제 [宿題]	宿題		
쉬다	休む		
쉰	五十 {固有}		
쉽다	簡単だ、易しい		
스마트폰	スマートフォン		
스무 (単位名詞の前で)	二十 {固有}		
스물	二十 {固有}		
스케이트	スケート		
스키	スキー		
스타일	スタイル		
스터디	勉強会		
슬프다	悲しい		

습니다	ですます、「합니다」体 {語尾}	아름답다	美しい	어떻다	どうだ
시 [詩]	詩	아버님	お父様 {尊敬}	어렵다	難しい
시 [時]	時 {単位}	아버지	父	어린이날	子供の日
시간 [時間]	時間	아빠	パパ	어머니	母
시계 [時計]	時計	아서	て、時間関係、理由・根拠、手段・方法など {語尾}	어머님	お母様 {尊敬}
시끄럽다	うるさい			어부 [漁夫]	漁師
시디	CD	아야	痛っ {感嘆詞}	어서	急いで
시옷	子音「ㅅ」の名称	아요	ですます、「해요」体 {語尾}	어서	て、時間関係、理由・根拠、手段・方法など {語尾}
시원하다	気持ちいい、清々しい、涼しい				
		아이	子供	어요	ですます、「해요」体 {語尾}
시월 [十▽月]	十月	아저씨	おじさん		
시작하다 [始作-]	始まる、始める	아주	とても	어제	昨日
시장 [市場]	市場	아침	朝	언니	姉(妹から)
시청 [市廳]	市役所	아침 (밥, 식사)	朝食	언제	いつ
시험 [試験]	試験	아프다	痛い	언제나	いつも
식당 [食堂]	食堂、レストラン	아홉	九つ {固有}	얼굴	顔
식당가 [食堂街]	食堂街、レストラン街	아흔	九十 {固有}	얼마	いくら
식물원 [植物園]	植物園	악기 [樂器]	楽器	얼마나	どれぐらい
신문 [新聞]	新聞	안	裏、中	엄마	ママ
실례 [失禮]	失礼	안	ない {副詞}{否定}	엄청	すっごく、とっても
싫다	嫌いだ	안경 [眼鏡]	眼鏡	없다	ない、いない
싫어하다	嫌がる	안녕 [安寧]	元気	었	た、過去形 {語尾}
심심하다	退屈だ	앉다	座る	엉덩이	お尻
심장 [心腸]	心臓	않다	ない {補助動詞}{否定}	에	に {助詞} (時間)
십 [十]	十 {漢}	알다	知る、分かる	에	に {助詞} (場所)
십이월 [十二月]	十二月	았	た、過去形 {語尾}	에서	から {助詞} (場所)
십일월 [十一月]	十一月	앞	前	에서	で {助詞} (場所)
싸다	(値段が)安い	앞으로	これから	엔지니어	エンジニア
쌍기역	子音「ㄲ」の名称	애 (縮約形)	子供	여기	ここ
쌍디귿	子音「ㄸ」の名称	애국가 [愛國歌]	韓国の国歌	여덟	八つ {固有}
쌍비읍	子音「ㅃ」の名称	액션	アクション	여동생 [女同生]	妹
쌍시옷	子音「ㅆ」の名称	야구 [野球]	野球	여든	八十 {固有}
쌍지읒	子音「ㅉ」の名称	약간 [若干]	若干	여서	て、時間関係、理由・根拠、手段・方法など {語尾}
쓰다	苦い	약국 [藥局]	薬局		
쓰다	書く	약사 [藥師]	薬剤師		
쓰레기	ゴミ	약하다 [弱-]	弱い	여섯	六つ {固有}
씨	～さん	양 [羊]	羊	여야 [與野]	与野
씻다	洗う	양띠	未年	여요	ですます、「해요」体 {語尾}
		양력설 [陽曆-]	元日		
ㅇ		양말 [洋襪]	靴下	여우	キツネ
아뇨	いいえ	어깨	肩	여유 [餘裕]	余裕
아니다	違う	어느	どの	여자 [女子]	女子、女性
아니요	いいえ	어둡다	暗い	여행 [旅行]	旅行
아들	息子	어디	どこ	역 [驛]	駅
아래	下	어떤	どんな	연구소 [研究所]	研究所

연구실 [研究室]	研究室		요즘	この頃、最近		이발소 [理髪所]	床屋
연구원 [研究員]	研究員		욕실 [浴室]	バスルーム		이번	今回、今〜
연구원 [研究院]	研究院		용 [龍]	龍		이번 주	今週
연세 [年歳]	お年 {尊敬}		용띠 [龍-]	辰年		이상하다 [異常-]	変だ
연습 [練習]	練習		우리	私たち、我々		이야기	話
연주 [演奏]	演奏		우산 [雨傘]	傘		이야기하다	話す
연필 [鉛筆]	鉛筆		우유 [牛乳]	牛乳		이월 [二月]	二月
열	十 {固有}		우체국 [郵遞局]	郵便局		이유 [理由]	理由
열다	開ける		운동선수 [運動選手]	運動選手		이응	子音「ㅇ」の名称
열쇠	鍵		운동하다 [運動-]	運動する		이쪽	こちら
였	た、過去形 {語尾}		운전사 [運轉士]	運転手		인기 [人氣]	人気
영국 [英國]	イギリス		웃다	笑う		인분 [人分]	人前 {単位}
영화 [映畵]	映画		원	ウォン {単位}		인중 [人中]	人中(鼻下の縦溝)
영화관 [映畵館]	映画館		원숭이	猿		일	こと
옆	そば、横		원숭이띠	申年		일	仕事
옆구리	脇腹		월 [月]	月 {単位}		일 [一]	一 {漢}
예	はい		월요일 [月曜日]	月曜日		일곱	七つ {固有}
예쁘다	きれいだ		위	上		일본 [日本]	日本
예순	六十 {固有}		유명하다 [有名-]	有名だ		일어나다	起きる
예의 [禮意]	礼儀		유원지 [遊園地]	遊園地		일요일 [日曜日]	日曜日
옛날	昔の日		유월 [六▽月]	六月		일월 [一月]	一月
오 [五]	五 {漢}		유자 [柚子]	柚子		일찍	早く
오늘	今日		유치원 [幼稚園]	幼稚園		일하다	働く
오다	来る		육 [六]	六 {漢}		일흔	七十 {固有}
오랜만	久しぶり		육개장 [肉-醬]	ユッケジャン(料理)		읽다	読む
오른쪽	右		육회 [肉膾]	ユッケ(料理)		입	口
오빠	兄（妹から）		으러	に、動作の目的 {語尾}		입다	着る
오월 [五月]	五月		으로	で {助詞}(手段・道具)		입문 [入門]	入門
오이	キュウリ		은	は {助詞}		입술	唇
오전 [午前]	午前		은행 [銀行]	銀行		있다	ある、いる
오후 [午後]	午後		을	を {助詞}			
온도 [溫度]	温度		음식 [飮食]	食べ物		ㅈ	
옷	服		음악 [音樂]	音楽		자다	寝る
옷가게	衣服店		의	の {助詞}		자동차 [自動車]	自動車
옷장 [-欌]	クロゼット		의도 [意圖]	意図		자리	席
와	と {助詞}		의미 [意味]	意味		자유 [自由]	自由
왜	なぜ		의사 [醫師]	医者		자전거 [自轉車]	自転車
외국 [外國]	外国		의자 [椅子]	椅子		자주	頻繁に、よく
외삼촌 [外三寸]	おじさん（母方）		이	が {助詞}		자판기 [自販機]	自販機
외할머니	祖母（母方）		이	この		작가 [作家]	作家
외할아버지	祖父（母方）		이 [二]	二 {漢}		작년 [昨年]	去年、昨年
왼쪽	左		이것	これ		작다	小さい
요가	ヨガ		이라고	と {助詞}(引用)		작은아버지	おじさん（父の弟）
요리 [料理]	料理		이름	名前		잔	杯 {単位}
요리사 [料理師]	調理師		이마	額		잔디밭	芝生
요일 [曜日]	曜日		이모 [姨母]	おばさん(母の姉妹)			

잘	ちゃんと、丁寧に、よく、元気で	좋아하다	好きだ、好む	ㅊ	
잡수시다	召し上がる {尊敬}	좌우 [左右]	左右	차 [車]	車
잡지 [雜誌]	雑誌	주	週	차 [茶]	お茶
잡채	チャプチェ（料理）	주다	あげる、くれる	차갑다	冷たい
장 [張]	枚 {単位}	주말 [週末]	週末	차다	冷たい
장기 [將棋]	将棋	주무시다	お休みになる {尊敬}	착하다	優しい
재단 [財團]	財団	주부 [主婦]	主婦	참	本当に
재미	面白さ	주유소 [注油所]	ガソリンスタンド	창문 [窓門]	窓
재미없다	つまらない	주의 [注意]	注意	찾다	探す、見つける
재미있다	面白い	주차장 [駐車場]	駐車場	채	軒 {単位}
재즈	ジャズ	죽다	死ぬ、亡くなる	책 [冊]	本
저	あの	중국 [中國]	中国	책받침 [冊-]	下敷き
저	私 {謙讓}	중국어 [中國語]	中国語	책상 [冊床]	机
저것	あれ	중요하다 [重要-]	重要だ	처음	初め
저기	あそこ	중학교 [中學校]	中学校	천 [千]	千 {漢}
저녁	夕方	중학생 [中學生]	中学生	천만에요 [千萬-]	どういたしまして
저녁 (밥, 식사)	夕食	쥐	ネズミ	천장 [天障]	天井
저쪽	あちら	쥐띠	子年	청소하다 [清掃-]	掃除する
저희	私たち {謙讓}	지	否定や禁止 {語尾}	초 [秒]	秒 {単位}
적다	少ない	지갑 [紙匣]	財布	초등학교 [初等學校]	小学校
전 [前]	前	지구 [地球]	地球	초등학생 [初等學生]	小学生
전등 [電燈]	電灯	지금 [只今]	今	추석 [秋夕]	お盆
전시관 [展示館]	展示館	지난	過ぎた〜、先〜	축구 [蹴球]	サッカー
전혀	全く	지난주 [-週]	先週	축하하다 [祝賀-]	祝う
전화 [電話]	電話	지내다	過ごす	춤	ダンス
전화국 [電話局]	電話局	지도 [地圖]	地図	춤추다	踊る
전화기 [電話機]	電話機	지우개	消しゴム	춥다	寒い
전화번호 [電話番號]	電話番号	지읒	子音「ㅈ」の名称	취미 [趣味]	趣味
전화하다 [電話-]	電話する	지지 [支持]	支持	층 [層]	階 {単位}
젊은이	若人	지폐 [紙幣]	紙幣	치다	弾く（楽器）
점심 [點心]	昼	지하철 [地下鐵]	地下鉄	치료 [治療]	治療
점심 [點心](밥, 식사)	昼食	직업 [職業]	職業	치마	スカート
점원 [店員]	店員	진지	お食事 {尊敬}	치읓	子音「ㅊ」の名称
접시	皿、皿 {単位}	진짜	本当に	친구 [親舊]	友達
정말 [正-]	本当に	집	家	친절하다 [親切-]	親切だ
정장 [正裝]	背広、スーツ	집다	とる	칠 [七]	七 {漢}
조금	少し	짓다	建てる、作る	칠월 [七月]	七月
조용하다	静かだ	짜다	塩辛い	칠판 [漆板]	黒板
조카	甥・姪	짜장면	ジャージャー麺	침대 [寢臺]	ベッド
좀	ちょっと	짧다	短い		
좁다	狭い	쪽	ページ {単位}	ㅋ	
종아리	ふくらはぎ	쯤	頃	카드	カード
종이	紙	찌개	チゲ（料理）	커피	コーヒー
종종	しばしば	찍다	撮る	커피숍	コーヒーショップ
좋다	良い			컴퓨터	パソコン
				컵	コップ、カップ {単位}

케이티엑스 (KTX)	韓国高速鉄道
켜다	点ける
켤레	足 {単位}
코	鼻
코끼리	像
코미디	コメディ
콧물	鼻水
크다	大きい
크리스마스	クリスマス
큰아버지	おじさん（父の兄）
클래식	クラシック
키읔	子音「ㅋ」の名称

ㅌ

타다	乗る
탁자 [卓子]	テーブル
태권도 [跆拳道]	テコンドー
태극기 [太極旗]	韓国の国旗
턱	顎
테니스	テニス
텔레비전	テレビ
토끼	ウサギ
토끼띠	卯年
토요일 [土曜日]	土曜日
통 [通]	通 {単位}
통역사 [通譯士]	通訳人
투수 [投手]	投手
투표 [投票]	投票
특별시 [特別市]	特別市（ソウル）
티읕	子音「ㅌ」の名称

ㅍ

파출소 [派出所]	交番
파티	パーティー
팔	腕
팔	八 {漢}
팔꿈치	肘
팔다	売る
팔월 [八月]	八月
팝송	ポップソング
편리하다 [便利-]	便利だ
편의점 [便宜店]	コンビニ
편지 [片紙]	手紙
포도 [葡萄]	ブドウ
푸르다	青い
프랑스	フランス

프로	プロ
플루트	フルート
피곤하다 [疲困-]	疲れた
피부 [皮膚]	肌
피아노	ピアノ
피읖	子音「ㅍ」の名称
피자	ピザ
필요 [必要]	必要
필요없다 [必要-]	必要ない
필요하다 [必要-]	必要だ
필통 [筆筒]	筆箱

ㅎ

하고	と {助詞}
하나	一つ {固有}
하늬바람	西風
하다	する
하체 [下體]	下半身
학교 [學校]	学校
학년 [學年]	学年、～年生
학생 [學生]	学生
학원 [學院]	塾
학회 [學會]	学会
한 (単位名詞の前で)	一つ {固有}
한국 [韓國]	韓国
한국말 [韓國-]	韓国語
한국어 [韓國語]	韓国語
한글	ハングル
한글날	ハングルの日
한복 [韓服]	韓国の伝統服
할머니	祖母
할머님	ご祖母様 {尊敬}
할아버님	ご祖父様 {尊敬}
할아버지	祖父
항상 [恒常]	いつも、常に
해돋이	日の出
해외 [海外]	海外
핸드폰	携帯電話
행복하다 [幸福-]	幸せだ
허리	腰
허벅지	内腿
헤어지다	別れる
헬스장 [-場]	ジム
현충일 [顯忠日]	戦没者慰霊日
협회 [協會]	協会
형 [兄]	兄（弟から）

호랑이	虎
호랑이띠	寅年
호텔	ホテル
화요일 [火曜日]	火曜日
화장실 [化粧室]	トイレ
회계사 [會計士]	会計士
회관 [會館]	会館
회사 [會社]	会社
회사원 [會社員]	会社員
회의 [會議]	会議
훨씬	ずっと
휴대전화 [携帶電話]	携帯電話
휴대폰 [携帶-]	携帯電話
희다	白い
히읗	子音「ㅎ」の名称

日韓単語集

{語尾} た、過去形	았 / 었 / 였
{語尾} て、時間関係、理由・根拠、手段・方法など	아서/어서/여서
{語尾} ですます、「합니다」体	ㅂ니다 (母音語幹)
{語尾} ですます、「합니다」体	습니다 (子音語幹)
{語尾} ですます、「해요」体	아요/어요/여요
{語尾} に、動作の目的	러 (母音・ㄹ語幹)
{語尾} に、動作の目的	으러 (子音語幹)
{語尾} 否定や禁止	지

あ

愛	사랑
間	사이
会う	만나다
青い	푸르다
明るい	밝다
アクション	액션
開ける	열다
上げる（持ち上げる）	들다
あげる	주다
顎	턱
朝	아침
脚	다리
足	발
足首	발목
明日	내일 [來日]
足の裏	발바닥
足の甲	발등
足の指	발가락
あそこ	저기
遊ぶ	놀다
暖かい	따뜻하다
頭	머리
あちら	저 쪽
暑い	덥다
熱い	뜨겁다
扱う	다루다
あなた	당신 [當身]
兄（妹から）	오빠
兄（弟から）	형 [兄]
姉（妹から）	언니
姉（弟から）	누나

姉（弟から）{尊敬}	누님
あの	저
甘い	달다
あまり	별로
あまりにも～すぎる	너무
アメリカ	미국 [美國]
洗う	씻다
ありがたい	고맙다
ある	있다
歩く	걷다
あれ	저것
いいえ	아뇨, 아니요
言う	말하다
家	집
イギリス	영국 [英國]
生きる	살다
行く	가다
いくつ（数字の疑問詞）	몇
いくら	얼마
生け花	꽃꽂이
囲碁	바둑
医者	의사 [醫師]
椅子	의자 [椅子]
急いで	어서
忙しい	바쁘다
痛い	아프다
痛っ {感嘆詞}	아야
一 {漢}	일 [一]
一月	일월 [一月]
市場	시장 [市場]
いつ	언제
一緒に	같이
五つ {固有}	다섯
いつも	늘, 언제나, 항상 [恒常]
意図	의도 [意圖]
従兄弟	사촌 [四寸]
従姉妹	사촌 [四寸]
亥年	돼지띠
いない	없다
犬	개
戌年	개띠
衣服店	옷가게
イベントホール	공연장 [公演場]
居間	거실 [居室]
今	지금 [只今]

意味	의미 [意味]
妹	동생 [同生], 여동생 [女同生]
嫌がる	싫어하다
いよいよ	드디어
いらっしゃる	계시다
いる	있다
入れる	넣다
祝う	축하하다 [祝賀-]
印刷室	복사실 [複寫室]
上	위
ウォン {単位}	원
伺う	뵙다
ウサギ	토끼
牛	소
丑年	소띠
後ろ	뒤
歌	노래
歌う	노래하다, 부르다
打ち上げ（パーティー）	뒤풀이
内腿	허벅지
美しい	아름답다
器	그릇
腕	팔
卯年	토끼띠
馬	말
午年	말띠
海	바다
裏	속, 안
売る	팔다
うるさい	시끄럽다
嬉しい	기쁘다
嬉しい（会えて）	반갑다
うわさ	루머
運転手	운전사 [運轉士]
運動する	운동하다 [運動-]
運動選手	운동선수 [運動選手]
絵	그림
映画	영화 [映畫]
映画館	극장 [劇場], 영화관 [映畫館]
描く	그리다
駅	역 [驛]
エッセイ	수필 [隨筆]
干支	띠
海老	새우

エンジニア	기술자 [技術者], 엔지니어	終わり	끝	鞄	가방
演奏	연주 [演奏]	音楽	음악 [音樂]	下半身	하체 [下體]
鉛筆	연필 [鉛筆]	温度	온도 [温度]	壁	벽 [壁]
甥	조카			紙	종이
おいしい	맛있다		か	髪の毛	머리카락

<table>
<tr><td>終える</td><td>끝내다</td><td>が {助詞}</td><td>가 (母音終わり)</td><td>カムジャタン(料理)</td><td>감자탕</td></tr>
<tr><td>多い</td><td>많다</td><td>が {助詞}</td><td>이 (子音終わり)</td><td>歌謡</td><td>가요 [歌謡]</td></tr>
<tr><td>大きい</td><td>크다</td><td>が {助詞}{尊敬}</td><td>께서</td><td>火曜日</td><td>화요일 [火曜日]</td></tr>
<tr><td>お母様</td><td>어머님</td><td>カード</td><td>카드</td><td>から {助詞}(時間)</td><td>부터</td></tr>
<tr><td>起きる</td><td>일어나다</td><td>階 {単位}</td><td>층 [層]</td><td>から {助詞}(場所)</td><td>에서</td></tr>
<tr><td>置く</td><td>놓다</td><td>回 {単位}</td><td>번 [番]</td><td>辛い</td><td>맵다</td></tr>
<tr><td>送る</td><td>보내다</td><td colspan="2">（固有数詞を取る）</td><td>体</td><td>몸</td></tr>
<tr><td>お言葉</td><td>말씀</td><td>海外</td><td>해외 [海外]</td><td>借りる</td><td>빌리다</td></tr>
<tr><td>教える</td><td>가르치다</td><td>会館</td><td>회관 [會館]</td><td>軽い</td><td>가볍다</td></tr>
<tr><td>おじさん</td><td>아저씨</td><td>会議</td><td>회의 [會議]</td><td>可愛い</td><td>귀엽다</td></tr>
<tr><td>おじさん（父の兄）</td><td>큰아버지</td><td>会計士</td><td>회계사 [會計士]</td><td>韓国</td><td>한국 [韓國]</td></tr>
<tr><td>おじさん（父の弟）</td><td>작은아버지</td><td>外国</td><td>외국 [外國]</td><td>韓国語</td><td>한국 말 [韓國-], 한국어 [韓國語]</td></tr>
<tr><td>おじさん(父の未婚の弟)</td><td>삼촌 [三寸]</td><td>会社</td><td>회사 [會社]</td><td></td><td></td></tr>
<tr><td>おじさん（母方）</td><td>외삼촌 [外三寸]</td><td>会社員</td><td>회사원 [會社員]</td><td>韓国高速鉄道</td><td>케이티엑스(KTX)</td></tr>
<tr><td>お食事</td><td>진지</td><td>開発院</td><td>개발원 [開發院]</td><td>看護師</td><td>간호사 [看護師]</td></tr>
<tr><td>お尻</td><td>엉덩이</td><td>買う</td><td>사다</td><td>元日</td><td>양력설 [陽曆-]</td></tr>
<tr><td>遅い</td><td>느리다</td><td>返す</td><td>갚다</td><td>感謝する</td><td>감사하다 [感謝-]</td></tr>
<tr><td>お宅 {尊敬}</td><td>댁 [宅]</td><td>顔</td><td>얼굴</td><td>鑑賞</td><td>감상 [鑑賞]</td></tr>
<tr><td>お誕生日 {尊敬}</td><td>생신 [生辰]</td><td>科学</td><td>과학 [科學]</td><td>勘定する</td><td>계산하다 [計算-]</td></tr>
<tr><td>お茶</td><td>차 [茶]</td><td>鏡</td><td>거울</td><td>肝臓</td><td>간 [肝]</td></tr>
<tr><td>お父様 {尊敬}</td><td>아버님</td><td>かかる(お金)</td><td>들다</td><td>簡単だ</td><td>쉽다</td></tr>
<tr><td>弟</td><td>동생 [同生], 남동생 [男同生]</td><td>かかる(時間)</td><td>걸리다</td><td>監督</td><td>감독 [監督]</td></tr>
<tr><td></td><td></td><td>鍵</td><td>열쇠</td><td>カンナム(ソウルの地名)</td><td>강남 [江南]</td></tr>
<tr><td>お年 {尊敬}</td><td>연세 [年歳]</td><td>書く</td><td>쓰다</td><td>木</td><td>나무</td></tr>
<tr><td>踊る</td><td>춤추다</td><td>家具</td><td>가구 [家具]</td><td>気温</td><td>기온 [氣溫]</td></tr>
<tr><td>お腹</td><td>배</td><td>学生</td><td>학생 [學生]</td><td>器官</td><td>기관 [器官]</td></tr>
<tr><td>お腹空いた</td><td>배고프다</td><td>傘</td><td>우산 [雨傘]</td><td>企業</td><td>기업 [企業]</td></tr>
<tr><td>同じだ</td><td>같다</td><td>カササギ(鳥)</td><td>까치</td><td>聞く</td><td>듣다</td></tr>
<tr><td>お願いする</td><td>부탁하다 [付託-]</td><td>菓子</td><td>과자 [菓子]</td><td>記者</td><td>기자 [記者]</td></tr>
<tr><td>おばさん(父の姉・妹)</td><td>고모 [姑母]</td><td>歌手</td><td>가수 [歌手]</td><td>キス</td><td>뽀뽀</td></tr>
<tr><td>おばさん(母の姉妹)</td><td>이모 [姨母]</td><td>数える</td><td>세다</td><td>北</td><td>북 [北]</td></tr>
<tr><td>お盆</td><td>추석 [秋夕]</td><td>ガソリンスタンド</td><td>주유소 [注油所]</td><td>ギター</td><td>기타</td></tr>
<tr><td>重い</td><td>무겁다</td><td>肩</td><td>어깨</td><td>北側</td><td>북쪽 [北-]</td></tr>
<tr><td>面白い</td><td>재미있다</td><td>方 {尊敬}</td><td>분</td><td>キツネ</td><td>여우</td></tr>
<tr><td>面白さ</td><td>재미</td><td>学会</td><td>학회 [學會]</td><td>軌道</td><td>궤도 [軌道]</td></tr>
<tr><td>お休みになる {尊敬}</td><td>주무시다</td><td>楽器</td><td>악기 [樂器]</td><td>昨日</td><td>어제</td></tr>
<tr><td>降りる</td><td>내리다</td><td>カッコいい</td><td>멋있다</td><td>キムチ</td><td>김치</td></tr>
<tr><td>俺</td><td>나</td><td>学校</td><td>학교 [學校]</td><td>気持ちいい</td><td>시원하다</td></tr>
<tr><td>愚か者</td><td>바보</td><td>カップ {単位}</td><td>컵</td><td>九 {漢}</td><td>구 [九]</td></tr>
<tr><td>おろす</td><td>내리다</td><td>悲しい</td><td>슬프다</td><td>九十 {固有}</td><td>아흔</td></tr>
<tr><td></td><td></td><td>金持ち</td><td>부자 [富者]</td><td>牛乳</td><td>우유 [牛乳]</td></tr>
</table>

キュウリ	오이
今日	오늘
協会	협회 [協會]
教科書	교과서 [教科書]
教師	교사 [教師]
教室	교실 [教室]
恐怖	공포 [恐怖]
曲	곡 [曲]
去年	작년 [昨年]
嫌いだ	싫다
着る	입다
切る(電話、関係)	끊다
きれいだ	예쁘다
銀行	은행 [銀行]
筋肉	근육 [筋肉]
金曜日	금요일 [金曜日]
空港	공항 [空港]
空想	공상 [空想]
九月	구월 [九月]
口	입
唇	입술
靴	구두
靴下	양말 [洋襪]
クッパ(料理)	국밥
国	나라
首	목
区役所	구청 [區廳]
暗い	어둡다
クラシック	클래식
暮らす	살다
クリーニング屋	세탁소 [洗濯所]
クリスマス	기독탄신일 [基督誕辰日], 크리스마스
来る	오다
車	차 [車]
くれる	주다
苦労	수고
苦労する	수고하다
クローゼット	옷장 [-欌]
警察官	경찰관 [警察官]
警察署	경찰서 [警察署]
計算する	계산하다 [計算-]
携帯電話	휴대전화 [携帯電話], 휴대폰 [携帯-], 핸드폰

劇場	극장 [劇場]
消しゴム	지우개
消す	끄다
月{単位}	월 [月]
月曜日	월요일 [月曜日]
軒{単位}	채
元気	안녕 [安寧]
研究員	연구원 [研究員]
研究院	연구원 [研究院]
研究室	연구실 [研究室]
研究所	연구소 [研究所]
健康だ	건강하다 [健康-]
建国記念日	개천절 [開天節]
検察官	검사 [檢事]
建築家	건축가 [建築家]
個{単位}	개 (個)
五{漢}	오 [五]
子犬	강아지
公園	공원 [公園]
高校	고등학교 [高等學校]
高校生	고등학생 [高等學生]
講師	강사 [講師]
公社	공사 [公社]
公団	공단 [公團]
交番	파출소 [派出所]
公務員	공무원 [公務員]
コーヒー	커피
コーヒーショップ	커피숍
五月	오월 [五月]
国語	국어 [國語]
黒板	칠판 [漆板]
国民	국민 [國民]
ここ	여기
午後	오후 [午後]
九つ{固有}	아홉
心	마음
腰	허리
五十{固有}	쉰
午前	오전 [午前]
ご祖父様{尊敬}	할아버님
ご祖母様{尊敬}	할머님
ご尊名{尊敬}	성함 [姓銜]
答える	대답하다 [對答-]
こちら	이쪽
コップ	컵
こと	것, 일

異なる	다르다
言葉	말
子供	아이, 애
子供の日	어린이날
この	이
この頃	요즘
好む	좋아하다
ご飯	밥
ゴマ	깨
ゴミ	쓰레기
コムタン(料理)	곰탕 [-湯]
こめかみ	관자놀이
コメディ	코미디
ご両親	부모님 [父母-]
ゴルフ	골프
これ	이것
これから	앞으로
頃	쯤
今回、今〜	이번
今週	이번 주
コンビニ	편의점 [便宜店]

さ

才{単位}	살
最近	요즘, 최근
サイズ	사이즈
財団	재단 [財團]
裁判所	법원 [法院]
財布	지갑 [紙匣]
探す	찾다
昨年	작년 [昨年]
差し上げる{謙譲}	드리다
冊{単位}	권 [卷]
作家	작가 [作家]
サッカー	축구 [蹴球]
雑誌	잡지 [雜誌]
茶道	다도 [茶道]
さま{尊敬}	님
寒い	춥다
サムゲタン(料理)	삼계탕 [蔘鷄湯]
左右	좌우 [左右]
皿	접시
皿{単位}	접시
さらに	더욱
猿	원숭이
申年(さる)	원숭이띠

さん	씨
三 {漢}	삼 [三]
三月	삼월 [三月]
三十 {固有}	서른
サンプル	보기
詩	시 [詩]
四 {漢}	사 [四]
幸せだ	행복하다 [幸福-]
しいて	굳이
シーディー（CD）	시디
子音「ㄱ」の名称	기역
子音「ㄲ」の名称	쌍기역
子音「ㄴ」の名称	니은
子音「ㄷ」の名称	디귿
子音「ㄸ」の名称	쌍디귿
子音「ㄹ」の名称	리을
子音「ㅁ」の名称	미음
子音「ㅂ」の名称	비읍
子音「ㅃ」の名称	쌍비읍
子音「ㅅ」の名称	시옷
子音「ㅆ」の名称	쌍시옷
子音「ㅇ」の名称	이응
子音「ㅈ」の名称	지읒
子音「ㅉ」の名称	쌍지읒
子音「ㅊ」の名称	치읓
子音「ㅋ」の名称	키읔
子音「ㅌ」の名称	티읕
子音「ㅍ」の名称	피읖
子音「ㅎ」の名称	히읗
塩辛い	짜다
四月	사월 [四月]
時間	시간 [時間]
試験	시험 [試験]
仕事	일
支持	지지 [支持]
辞書	사전 [事典]
静かだ	조용하다
下	밑 , 아래
従う	따르다
下敷き	책받침 [冊-]
七 {漢}	칠 [七]
七月	칠월 [七月]
しっぽ	꼬리
失礼	실례 [失禮]
辞典	사전 [事典]
自転車	자전거 [自轉車]
自動車	자동차 [自動車]
死ぬ	죽다
しばしば	종종
芝生	잔디밭
自販機	자판기 [自販機]
紙幣	지폐 [紙幣]
ジム	헬스장 [-場]
事務所	사무소 [事務所]
閉める	닫다
ジャージャー麺	짜장면
シャープペンシル	샤프
釈迦誕辰日	석가탄신일 [釋迦誕辰日]
市役所	시청 [市廳]
写真	사진 [寫眞]
ジャズ	재즈
社長	사장 [社長]
若干	약간 [若干]
自由	자유 [自由]
週	주 [週]
十 {漢}	십 [十]
十一月	십일월 [十一月]
十月	시월 [十▽月]
十二月	십이월 [十二月]
週末	주말 [週末]
重要だ	중요하다 [重要-]
塾	학원 [學院]
宿題	숙제 [宿題]
首都	수도 [首都]
主婦	주부 [主婦]
趣味	취미 [趣味]
種類 {単位}	가지, 종류 [種類]
小学生	초등학생 [初等學生]
正月	설날
小学校	초등학교 [初等學校]
将棋	장기 [將棋]
少女	소녀 [少女]
小説	소설 [小說]
上半身	상체 [上體]
商品	상품 [商品]
消防士	소방관 [消防官]
消防署	소방서 [消防署]
職員室	교무실 [教務室]
職業	직업 [職業]
食堂	식당 [食堂]
食堂街	식당가 [食堂街]
植物園	식물원 [植物園]
書斎	서재 [書齋]
女子	여자 [女子]
女性	여자 [女子]
ショッピング	쇼핑
ショッピングする	쇼핑하다
書店	서점 [書店]
書道	서예 [書藝]
知らない	모르다
知る	알다
白い	희다
信じる	믿다
親切だ	친절하다 [親切-]
心臓	심장 [心腸]
人中 (鼻下の縦溝)	인중 [人中]
新聞	신문 [新聞]
水泳	수영 [水泳]
水曜日	수요일 [水曜日]
スーツ	정장 [正裝]
スカート	치마
スキー	스키
好きだ	좋아하다
過ぎた〜	지난
すぐ〜	곧
少ない	적다
スケート	스케이트
すごく	되게
少し	조금
過ごす	지내다
涼しい	시원하다
スタイル	스타일
すっごく	엄청
ずっと	훨씬
全て	다
ズボン	바지
スマートフォン	스마트폰
住む	살다
スリムだ	날씬하다
する	하다
座る	앉다
生	삶
税務署	세무서 [税務署]
世界	세계 [世界]
世界地図	세계지도 [世界地圖]
席	자리
せっけん	비누

背中	등
背広	정장 [正装]
狭い	좁다
千{漢}	천 [千]
膳{単位}	그릇
先～	지난
選手	선수 [選手]
先週	지난주 [-週]
先生	선생님 [先生-]
センター	센터
洗濯する	빨래하다
洗濯物	빨래
全部	다
戦没者慰霊日	현충일 [顕忠日]
像	코끼리
掃除する	청소하다 [清掃-]
そうだ	그렇다
総領	맏이
ソウル	서울
足{単位}	켤레
そこ	거기
そして	그리고
そちら	그쪽
外	밖
その	그
その他	기타 [其他]
そば	옆
祖父	할아버지
祖父（母方）	외할아버지
ソファ	소파
祖母	할머니
祖母（母方）	외할머니
それ	그것
それから	그리고
それじゃ	그럼
それで	그래서
それでは	그러면

た

た、過去形{語尾}	았/었/였
台{単位}	대 [臺]
大学	대학교 [大學校]
大学教授	대학교수 [大學教授]
大学生	대학생 [大學生]
退屈だ	심심하다
大丈夫だ	괜찮다

台所	부엌
大変に	대단히 , 몹시
高い	높다
高い(値段)	비싸다
だから	그러니까
沢山	많이
尋ねる	묻다
立つ	서다
辰年	용띠 [龍-]
建物	건물 [建物]
建てる	짓다
束{単位}	다발
食べ物	음식 [飲食]
食べる	먹다
たまに	가끔
誰	누구
単語	단어 [單語]
男子	남자 [男子]
誕生日	생일 [生日]
ダンス	춤
男性	남자 [男子]
小さい	작다
近い	가깝다
違う	아니다
近く	근처 [近處]
地下鉄	지하철 [地下鐵]
地球	지구 [地球]
チゲ(料理)	찌개
地図	지도 [地圖]
父	아버지
着{単位}	벌
チャプチェ(料理)	잡채
ちゃんと	잘
注意	주의 [注意]
中学生	중학생 [中學生]
中学校	중학교 [中學校]
中国	중국 [中國]
中国語	중국어 [中國語]
駐車場	주차장 [駐車場]
昼食	점심 [點心] (밥 , 식사)
蝶	나비
朝食	아침 (밥, 식사)
調理師	요리사 [料理師]
チョーク	분필 [粉筆]
ちょっと	좀

治療	치료 [治療]
通{単位}	통 [通]
通訳人	통역사 [通譯士]
疲れた	피곤하다 [疲困-]
次	다음
月{固有}	달
机	책상 [冊床]
作る	만들다 , 짓다
点ける	켜다
常に	항상 [恒常]
つまらない	재미없다
冷たい	차갑다 , 차다
強い	강하다 [強-], 세다
手	손
て、時間関係、理由・根拠、手段・方法など{語尾}	아서/어서/여서
で{助詞}(手段・道具)	로 (母音・ㄹ終わり)
で{助詞}(手段・道具)	으로 (子音終わり)
で{助詞}(場所)	에서
丁寧に	잘
テーブル	탁자 [卓子]
手紙	편지 [片紙]
できない{副詞}(不可能)	못
手首	손목
テコンドー	태권도 [跆拳道]
デザイナー	디자이너
デザイン	디자인
ですます、「합니다」体{語尾}	ㅂ니다 (母音語幹)
ですます、「합니다」体{語尾}	습니다 (子音語幹)
ですます、「해요」体{語尾}	아요/어요/여요
手帳	수첩 [手帖]
テニス	테니스
手の甲	손등
掌	손바닥
手の指	손가락
デパート	백화점 [百貨店]
デブだ	뚱뚱하다
出る	나오다
テレビ	텔레비전
店員	점원 [店員]
展示館	전시관 [展示館]
天井	천장 [天障]
電灯	전등 [電燈]

電話	전화 [電話]	土曜日	토요일 [土曜日]
電話機	전화기 [電話機]	虎	호랑이, 범
電話局	전화국 [電話局]	ドライブ	드라이브
電話する	전화하다 [電話-]	寅年	호랑이띠, 범띠
電話番号	전화번호 [電話番號]	ドラマ	드라마
と {助詞}	과 (子音終わり)	ドラム	드럼
と {助詞}	와 (母音終わり)	鳥	새
と {助詞}	하고 (会話体)	取り出す	꺼내다
と {助詞}{引用}	라고 (母音終わり)	酉年	닭띠
と {助詞}{引用}	이라고 (子音終わり)	とる	집다
度 {単位}	도 [度]	撮る	찍다
ドア	문 [門]	どれぐらい	얼마나
ドイツ	독일 [獨逸]	とんでもない	천만에 [千萬-]
トイレ	화장실 [化粧室]	どんな	어떤
頭 {単位}	마리		
東京	도쿄		
陶芸	도예 [陶藝]		
投手	투수 [投手]		
当選	당첨 [當籤]		

な

どうだ	어떻다	ない	없다
胴体	몸통	ない {副詞}{否定}	안
到着	도착 [到着]	ない {補助動詞}{否定}	않다
とうとう	드디어	治る	낫다
頭皮	두피 [頭皮]	中	속, 안
投票	투표 [投票]	長い	길다
動物	동물 [動物]	亡くなられる	돌아가시다
動物園	동물원 [動物園]	亡くなる	죽다
十 {固有}	열	なぜ	왜
遠い	멀다	七十 {固有}	일흔
とき	때	七つ {固有}	일곱
時 {単位}	시 [時]	何	무엇, 뭐
時々	때때로	何(数字の疑問詞)	몇
読書	독서 [讀書]	名前	이름
特別市(ソウル)	특별시 [特別市]	習う	배우다
独立運動記念日	삼일절 [三一節]	なる	되다
独立記念日	광복절 [光復節]	何日	며칠
時計	시계 [時計]	何の	무슨
どこ	어디	に、動作の目的 {語尾}	러 (母音・ㄹ語幹)
床屋	이발소 [理髮所]	に、動作の目的 {語尾}	으러 (子音語幹)
ところで	그런데, 근데	二 {漢}	이 [二]
都市	도시 [都市]	に {助詞}(時間)	에
図書館	도서관 [圖書館]	に {助詞}(場所)	에
とても	굉장히 [宏壯-],	苦い	쓰다
	매우, 아주, 많이	二月	이월 [二月]
どの	어느	肉	고기
友達	친구 [親舊]	西	서 [西]
		西風	하늬바람
		西側	서쪽 [西-]
		二十 {固有}	스무(単位名詞の前で)

二十 {固有}	스물		
偽物	가짜		
日曜日	일요일 [日曜日]		
日本	일본 [日本]		
入門	입문 [入門]		
鶏	닭		
人 {単位}	명 [名]		
人気	인기 [人氣]		
人前 {単位}	인분 [人分]		
脱ぐ	벗다		
根	뿌리		
猫	고양이		
ネズミ	쥐		
子年	쥐띠		
寝る	자다		
年	년 [年]		
年生	학년 [學年]		
年齢	나이		
の {助詞}	의		
農夫	농부 [農夫]		
ノート	공책 [空冊]		
喉	목		
飲む	마시다		
海苔巻き(料理)	김밥		
乗る	타다		

は

は {助詞}	는 (母音終わり)
は {助詞}	은 (子音終わり)
パーティー	파티
はい	예, 네
杯 {単位}	잔
ハイキング	등산 [登山]
俳優	배우 [俳優]
入る	들어가다
泊 {単位}	박 [泊]
博物館	박물관 [博物館]
始まる	시작하다 [始作-]
初め	처음
始める	시작하다 [始作-]
バス	버스
バスケットボール	농구 [籠球]
バスルーム	욕실 [浴室]
パソコン	컴퓨터
肌	피부 [皮膚]
働く	일하다

八{漢}	팔	羊	양 [羊]	部屋	방 [房]
八月	팔월 [八月]	未年(ひつじ)	양띠	勉強会	스터디
八十{固有}	여든	必要	필요 [必要]	勉強する	공부하다[工夫-]
発音	발음 [發音]	必要だ	필요하다[必要-]	弁護士	변호사 [辯護士]
パッチム(終声)	받침	必要ない	필요없다[必要-]	変だ	이상하다[異常-]
バッテリー	배터리	人	사람	便利だ	편리하다[便利-]
バドミントン	배드민턴	一つ{固有}	하나	帽子	모자 [帽子]
花	꽃	一つ{固有}	한 (単位名詞の前で)	法人	법인 [法人]
鼻	코	瞳	눈동자 [-瞳子]	放送局	방송국 [放送局]
話	이야기	日の出	해돋이	頬	뺨
話す	이야기하다	ビビンバ(料理)	비빔밥	頬骨	광대뼈
甚だしく	굉장히 [宏壯-]	百{漢}	백 [百]	ボーリング	볼링
鼻水	콧물	秒{単位}	초 [秒]	ボールペン	볼펜
花屋	꽃집	病院	병원 [病院]	僕	나
母	어머니	美容師	미용사 [美容師]	ポップソング	팝송
パパ	아빠	美容室	미용실 [美容室]	ホテル	호텔
速い	빠르다	昼	점심 [點心]	ほとんど	거의
早く	일찍	ビル	빌딩	骨	뼈
バラード	발라드	広い	넓다	ホラー(映画)	공포 [恐怖]
貼る	붙이다	広さ	넓이	本	책 [冊]
バレーボール	배구 [排球]	頻繁に	자주	本{単位}(花)	송이
半	반 [半]	夫婦	부부 [夫婦]	本{単位}	병 [瓶]
番{単位}(漢数詞をとる)	번 [番]	プール	수영장 [水泳場]	本当に	정말[正-], 진짜, 참
パン	빵	深い	깊다	翻訳	번역 [飜譯]
ハンカチ	손수건 [-手巾]	服	옷		
ハングル	한글	ふくらはぎ	종아리		

ま

ハングルの日	한글날	プサン	부산 [釜山]	枚{単位}	장 [張]
番号	번호 [番號]	豚	돼지	前	전 [前]
反切表(ハングル表)	반절표 [反切表]	再び	다시	前{固有}	앞
番目{単位}	번째 [番-]	二つ{固有}	두 (単位名詞の前で)	枕	베개
日	날	二つ{固有}	둘	マシだ	낫다
ピアノ	피아노	普段	보통 [普通]	まずい(美味しくない)	맛없다
ビール	맥주 [麥酒]	ブッフェ	뷔페	股	가랑이
東	동 [東]	筆箱	필통 [筆筒]	また	또
東側	동쪽 [東-]	ブドウ	포도 [葡萄]	街	거리
匹{単位}	마리	不便だ	불편하다[不便-]	待つ	기다리다
弾く(楽器)	치다	フランス	프랑스	まつ毛	속눈썹
低い	낮다	フルート	플루트	全く	전혀
膝	무릎	故郷(ふるさと)	고향 [故郷]	まで	까지
ピザ	피자	プレゼント	선물 [膳物]	窓	창문 [窓門]
久しぶり	오랜만	プロ	프로	学ぶ	배우다
肘	팔꿈치	風呂に入る	목욕하다[沐浴-]	ママ	엄마
美術館	미술관 [美術館]	分{単位}	분 [分]	眉毛	눈썹
秘書	비서 [秘書]	ページ{単位}	쪽	万{漢}	만 [萬]
額	이마	ベッド	침대 [寢臺]	漫画	만화 [漫劃]
左	왼쪽	蛇	뱀	真ん中	가운데

満腹だ	배부르다
右	오른쪽
眉間	미간 [眉間]
短い	짧다
水	물
見つける	찾다
三つ {固有}	세 (単位名詞の前で)
三つ {固有}	셋
巳年	뱀띠
南	남 [南]
南側	남쪽 [南-]
耳たぶ	귓불
ミュージカル	뮤지컬
見る	보다
昔の日	옛날
ムクゲ	무궁화 [無窮花]
難しい	어렵다
息子	아들
娘	딸
六つ {固有}	여섯
胸	가슴
無理に	굳이
目	눈
姪	조카
名 {単位}	명 [名]
眼鏡	안경 [眼鏡]
召し上がる	잡수시다, 드시다
メロドラマ	멜로 드라마
も {助詞}	도
申し訳ない	미안하다[未安-]
木曜日	목요일 [木曜日]
持つ	들다
もっと	더
もの	것
腿	허벅다리
もらう	받다
問題	문제 [問題]

や	
焼肉	불고기
野球	야구 [野球]
薬剤師	약사 [藥師]
易しい	쉽다
優しい	착하다, 다정하다
安い	싸다
休む	쉬다

薬局	약국 [藥局]
八つ {固有}	여덟
遊園地	유원지 [遊園地]
夕方	저녁
夕食	저녁 (밥, 식사)
郵便局	우체국 [郵遞局]
有名だ	유명하다[有名-]
床	바닥
柚子	유자 [柚子]
ユッケ(料理)	육회 [肉膾]
ユッケジャン(料理)	육개장 [肉-醬]
良い	좋다
幼稚園	유치원 [幼稚園]
曜日	요일 [曜日]
ヨガ	요가
よく	잘
よく(頻度)	자주
横	옆
四つ {固有}	네 (単位名詞の前で)
四つ {固有}	넷
読む	읽다
与野党	여야 [與野]
余裕	여유 [餘裕]
弱い	약하다 [弱-]
四十 {固有}	마흔

ら	
来週	다음 주 [- 週]
ラジオ	라디오
龍	용 [龍]
理由	이유 [理由]
漁師	어부 [漁夫]
両親	부모 [父母]
料理	요리 [料理]
旅行	여행 [旅行]
輪 {単位} (花)	송이
リンゴ	사과 [沙果]
礼儀	예의 [禮意]
冷麺	냉면 [冷麵]
レストラン	식당 [食堂]
レストラン街	식당가 [食堂街]
列車	기차 [汽車]
練習	연습 [練習]
廊下	복도 [複道]
六 {漢}	육 [六]
六月	유월 [六▽月]

六十 {固有}	예순
ロシア	러시아
ロック	록

わ	
分かち書き	띄어쓰기
分かる	알다
別れる	헤어지다
脇	겨드랑이
脇腹	옆구리
若人	젊은이
私	저
わたし	나
私たち {謙譲}	저희
私たち	우리
笑う	웃다
悪い	나쁘다
我々	우리

を	
を {助詞}	를 (母音終わり)
を {助詞}	을 (子音終わり)

著者紹介

金 智賢（キム・ジヒョン）
韓国国立慶北大学人文大学国語国文学科、学士。
東京大学大学院総合文化研究科言語情報科学専攻、修士及び博士。
現在、宮崎大学准教授。

写真提供

flickr
wikipedia
韓国観光公社

※クレジット表記の必要なもののみ掲載

改訂版　教養韓国語　初級

検印
廃止

© 2015 年 1 月 30 日　初 版 発 行
2022 年 1 月 30 日　第 7 刷発行
2023 年 1 月 30 日　改訂初版発行

著　者　　　　金　　智　賢

発 行 者　　　　原　　雅　久

発 行 所　　株式会社　朝 日 出 版 社
101-0065 東京都千代田区西神田 3 − 3 − 5
電話 (03) 3239-0271・72 (直通)
振替口座　東京　00140-2-46008
http://www.asahipress.com/
倉敷印刷

乱丁，落丁本はお取り替えいたします
ISBN978-4-255-55696-3 C1087